大名人 小故事

陆游的英雄梦

李开周 著

中华书局

图书在版编目（CIP）数据

陆游的英雄梦 / 李开周著. — 北京：中华书局，2015.1（2022.8重印）

（大名人 小故事）

ISBN 978-7-101-10562-9

Ⅰ.陆… Ⅱ.李… Ⅲ.陆游（1125～1210）—

生平事迹—青少年读物 Ⅳ.K825.6-49

中国版本图书馆CIP数据核字（2014）第259253号

书　　名	陆游的英雄梦
著　　者	李开周
丛 书 名	大名人 小故事
责任编辑	徐麟翔 刘晶晶
封面设计	李　睿
封面绘画	LIAR
责任印制	管　斌
出版发行	中华书局
	（北京市丰台区太平桥西里38号 100073）
	http://www.zhbc.com.cn
	E-mail：zhbc@zhbc.com.cn
印　　刷	中煤（北京）印务有限公司
版　　次	2015年1月第1版
	2022年8月第3次印刷
规　　格	开本/ 700×1000毫米　1/16
	印张6¾　字数50千字
印　　数	15001-18000册
国际书号	ISBN 978-7-101-10562-9
定　　价	28.00元

致 读 者

　　仰望中国历史的天空，群星璀璨。他们是史书中的传主，是教科书上的黑体大字，也是活在故事中的著名人物。他们的故事，比普通人的更加跌宕起伏，扣人心弦，也更加发人深省。

　　"大名人　小故事"丛书，旨在讲述教科书上未曾细说的名人故事。选取的名人，基本上都是青少年朋友喜爱的。讲述的内容，不是面面俱到的传记，而是提取名人一生中若干瞬间，借此画出名人的精神风貌，展现他们精彩独特的个性和不可重复的创造。

　　故事的来源，大都有史料依据，希望给大家讲述名人们真实的而非戏说的人生。也吸取了少量的传说，从中可以窥见千百年来的民心。

　　有的故事中出现了著名的历史事件，涉及了相关民俗风情，衍生出了特定的成语典故，则在故事后进行简要讲解。每本书后，还附录了名人的生平简历，以供读者参考。

　　丛书每册讲述一位名人的故事，以此形成系列。

　　丛书的作者，都是中青年精锐作家，他们有的写过畅销历史小说，有的擅长写历史散文，有的已出版大部头的名人传记……他们共同的特点，是会讲故事，并且愿意为青少年朋友讲故事，希望把历史讲得生动有趣，让读者喜欢上这些有意思的历史人物。在此谨向他们致敬。

中华书局编辑部

诗人的英雄梦

　　这本书讲了十八个故事，所有故事的主人公都是同一个人，这个人的名字叫陆游。

　　那么，陆游是什么人？他是个诗人，一个生活在宋朝的诗人。

　　宋朝有很多诗人，蔡襄、富弼、曾巩、曾几、宋庠、宋祁、洪迈、洪适、范镇、朱熹、司马光、王安石、苏轼、梅尧臣、欧阳修、杨万里、范仲淹、范祖禹、李清照、辛弃疾、范成大、宋如愚、文天祥、钱明逸……统统都是宋朝的诗人。他们在宋朝三百年历史长河中载沉载浮，像黄河里的鲤鱼一样多，像夜空上的繁星一样灿烂。但是所有这些诗人都会在同一个方面输给陆游，那就是写诗的数量。

　　陆游四十岁以前已经写了大约一万八千八百首诗（据《渭南文集》卷二十七《跋诗稿》所叙测算）。四十岁以后又写了多少呢？他没有统计，不过我们可以推测，那一定不会是一个小数目，因为他活了八十多岁。哪怕后半辈子偶尔动动笔，他一生当中写诗的总数恐怕也远远超过两万首。

　　好吧，就算陆游只写了两万首诗，那他也是宋朝最多产的诗人。

　　写诗写得多并不算了不起。清朝有个乾隆皇帝，一生写了四万多首诗，去一趟厕所都能写出四五首，比陆游写得还要快，还要多。但是乾隆在诗人的队伍里永远走不到前列，因为他的诗没有神韵，没有格调，读起来像顺口溜，甚至还不如顺口溜。

陆游就不一样了，不光写得多，而且写得好。我们在课本里学过他的《示儿》：

死去元知万事空，但悲不见九州同。

王师北定中原日，家祭无忘告乃翁。

气度恢宏，神完气足，感人至深，催人泪下。

我们还学过他的《游山西村》：

莫笑农家腊酒浑，丰年留客足鸡豚。

山重水复疑无路，柳暗花明又一村。

节奏明快，朗朗上口，情景交融，意境生动。

什么叫好诗？这就叫好诗。

陆游写的诗大多数都在他活着的时候就丢失了，流传到今天的有九千首。这九千首诗未必都是好诗，但整体上而言属于上乘之作，它们的意境、神韵和音乐感大多能跟《示儿》和《游山西村》相媲美。大家翻翻陆游的诗集《剑南诗稿》就可知了。

陆游是一流的诗人，相信所有人都能认可这一点。他在当时就已经很受推崇了，很多级别比他高的大官向他请教怎样写诗，怎样做文章；好多功臣的后代请他给自己的祖先撰写诗文，希望通过他的妙笔让祖先的事迹流芳百世；就连南宋第一个皇帝宋高宗和第二个皇帝宋孝宗也经常诵读陆游的诗句，并因此提拔他做官。总而言之，陆游活着的时候就很红，红得就像现在的明星一样。

让人奇怪的是，陆游并不因此而骄傲。不但不骄傲，他还有点儿厌恶自己。为什么要厌恶自己呢？因为他最大的理想并不是做一个诗人，而是要做一个英雄，做一个用兵如神的大英雄，统率着千军万马和来自北方的金国侵略者作战，打退敌人的进攻，收复沦陷的山河，把千千万万在金国侵略者残暴统治下过着苦日子的同胞解救出来，让他们共享太平，衣食无忧。

陆游一辈子都在做这个英雄梦，可惜他的梦想始终没有变成现实，这是他自己的悲剧，也是那个时代的悲剧。

陆游出生在公元1125年，比抗金英雄岳飞小二十二岁。当他扶着短墙学走路的时候，岳飞正在冲锋陷阵砍杀金兵；当他长大成人准备征战的时候，岳飞已经因为拒绝向侵略者求和而被无耻卖国的宋高宗和秦桧联手杀害。陆游一心想做武将，腐败无能的南宋政府偏偏让他做文官；他一心要杀敌立功，胆怯懦弱的南宋皇帝偏偏让他去编史。他毕生都在呼吁，呼吁朝廷出兵，呼吁将相北伐，呼吁南宋统治下的老百姓保家卫国、踊跃献身，可是朝廷不响应，大臣不响应，连老百姓都不响应。

陆游不仅仅是个诗人，他熟读兵法，他留心边防，他去过前线，他跟士兵同吃同住，他提出了很多比较科学的军事主张。他虽然不是岳飞那样的军事天才，但是只要给他领兵打仗的机会，他极有可能立下赫赫战功。可惜南宋统治者没有给他这个机会。

为什么不给他机会？因为时局变了，皇帝和大臣们的思路变了，从最初的收复中原变成了苟安求和。只要能保住南宋那一小块疆域，他们宁可得过且过，宁可醉生梦死，宁可闷声发大财，宁可向虎视眈眈的金国俯首称臣。大多数老百姓也学会了用这种委曲求全的态度过日子：反正自己从北方沦陷区逃过来了，以后能不打仗就不打仗，过几天太平日子多好啊！问题是金国一直在打南宋的主意，靠投降换来的和平就像悬崖上的玻璃瓶一样摇摇欲坠，指不定哪天就会被一阵狂风吹下来，碎得满地都是。

那时候只有陆游等极少数有识之士明白这个道理，大部分南宋人都在得过且过，所以陆游的英雄梦不可能实现。其实也不光陆游，假如岳飞晚出生二十年，大概也只能空喊几声"还我河山"，再也没有机会做一个伟大的抗金英雄了。

当然，像陆游和岳飞这样的爱国者都是很大气的，他们真正关心的并不是自己的英雄梦能不能实现，而是祖国的疆土能不能统一，人民的生活能不能安定。即使时代不允许他们做英雄，他们也要用一生努力来争取统一和安定。明知其不可为而为之，这才是真正的大英雄。

陆游是怎样努力争取的呢？不要急，听我慢慢道来。

李开周

目录

陆游的英雄梦

跟着父母千里逃难

陆游是在一条船上出生的。

他的父亲名叫陆宰，是个大官，官衔是"转运副使"，相当于副省长。

他的母亲姓唐，出身名门，是大臣唐介的孙女，而唐介又跟宋朝最著名的清官包拯是好朋友。

他的祖父名叫陆佃（diàn），也是个大官，是著名改革家王安石的学生。

再往前追溯，他的曾祖父陆珪（guī）还是个大官，和"唐宋八大家"之一的大文学家欧阳修是亲戚——陆珪的妹妹嫁给了欧阳修的内弟。

如此来说，陆游的出身很不错，一生下来就像掉到了蜜罐里，应该是衣食无忧，过着神仙一样的日子，用不着为上不起学、买不起玩具而发愁。

然而事实并不是这样，陆游没掉进蜜罐里，却掉进了火药桶里。

陆游出生那天，他的父亲陆宰刚刚当了一任副省长，正赶往当时的首都开封向皇帝交差。他们一家坐着大船，沿着运河往北走，时间是农历十月，本来属于秋高气爽、无风无浪的时令，可是走着走着，天忽然黑了，乌云密布，暴雨像瓢泼一样砸在船顶上，整整下了一个钟头。运河里的水迅速暴涨，黄澄澄，雾蒙蒙，一眼望不到边。后来暴雨

陆游的英雄梦

变小了，又开始刮风，狂风大作，刮得桅杆吱吱作响，船身东倒西歪，人在舱里都坐不稳了。陆宰见状，赶紧让大船靠岸，抛下铁锚，就在这时候，他听见船舱里传来一声啼哭，陆游出生了。

这天是公元1125年11月13日，农历十月十七。

陆宰抱起裹在襁褓里的小陆游，对精疲力尽躺在床上的陆游的母亲叹了一口气，说："这孩子来得可真不是时候！"

陆夫人有些生气："我们又多了一个儿子（陆游还有两个哥哥），你应该高兴才对，怎么能说他生得不是时候呢？"

"我今天刚看过邸报（古代中央政府发布命令、书诏、章表等的出版物），上面说金兵已经开始攻打咱们大宋了！"

陆宰说得没错，当时的局势就像陆游出生时的天气一样坏。金国的大军在陆游出生十天前就浩浩荡荡开进了中原，一路上烧杀抢掠，攻城略地，把腐败无能的北宋守军打得只有招架之功，没有还手之力，才几天工夫，接连丢掉好几个州县。这时候的中原地区已经变成了一个正在嘶嘶燃烧的火药桶，眼看着马上就要爆炸了。一些怕死的大宋官员辞职的辞职，请假的请假，带着他们的老婆孩子和贪污的钱财往南逃窜，争取离火药桶越远越好。

别的官员往南逃，陆宰却坚持往北走，因为他有使命感，他不会在国家需要他的时候弃官逃跑。他带着夫人和小陆游来到开封，朝廷派给他一个新的官职，让他给前线将士供应粮草。他把家属安顿在战火还没有延烧到的河南荥（xíng）阳，然后就一个人上路了。

那时候，宋朝军队的战斗力很差，根本不是金兵的对手，小陆游在荥阳住了不到两年，北宋就灭亡了，连皇帝都做了金兵的俘虏，中原地区成了金国侵略者的天下。陆宰不愿意做亡国奴，赶紧去荥阳接家属，准备全家搬回故乡去。

陆游的故乡是山阴县，也就是现在的浙江绍兴，那里没有被金兵攻陷，仍然属于大宋的地盘。绍兴离荥阳有几千里，如果今天开车走高速公路，一天时间就到了。可是宋朝没有汽车，也没有高速公路，只能骑马或者坐船。陆游太小，没法骑马，一家人坐船出发，走到不通水路的地方，只能上岸步行。

他们这一路受的罪可不小。

陆游的父亲是朝廷命官，平常回乡，可以乘坐官船，又大又安全；到了旱路上可以乘坐官方的马车和轿子，宽敞明亮，舒服无比，沿途不用担心窃贼和土匪。但现在北宋灭亡了，朝廷没有了，上至皇亲国戚，下至平民百姓，能从金兵铁蹄下逃出来的都逃命去了，哪里还有官船、官轿？哪里还能享受得到朝廷命官的待遇呢？

不但享受不到官船官轿的待遇，陆宰的官员身份还给家属带来了巨大的风险：金兵专门对宋朝官员围追堵截，好把他们截下来当汉奸，如果拒绝投敌，那就格杀勿论；沿途的土匪认为这些逃难官员身怀巨款，分别在水路和旱道上暗设埋伏。一旦被这些心狠手辣、无恶不作的劫匪逮住，丢掉财产是小事儿，还很可能丢掉脑袋。另外还有宋朝的败兵，主将一投降，这些败兵成了无头苍蝇，四处流窜，打家劫舍，比土匪还可恨。他们打不过金兵，却打得过同胞，万一陆游全家落到他们手里，照样会死得很惨。

从荥阳一出来，陆游一家就碰到了金兵，好在父亲让全家人都化装成老百姓，躲过一劫。他们东躲西藏走到汴河，想雇船南下，却找不

陆游的英雄梦

到船，因为船只不是被金兵征用了，就是被提前逃走的达官显贵给占用了。后来好不容易雇了一艘破烂不堪的渔船，船老大又趁火打劫，狠狠敲诈了他们一笔钱。

陆家坐上这艘渔船，从汴河进入淮河，水面宽了，一阵大浪过来，差点儿把小船掀了个底朝天。陆游的父亲和母亲只好下船，抱着小陆游走旱道。旱道上的土匪多如牛毛，陆家接连被打劫了两次，随身携带的钱财全被搜走了，堂堂官宦之家，一下子变成了穷光蛋。路上没钱买饭吃，又饥又渴，渴了在路边的沟渠里喝水，饿了就从倒毙的死马身上割下一块肉，生火烤着吃。天气太热，死马发臭，陆游的母亲身体虚弱，抵抗力差，吃了一顿马肉，食物中毒，上吐下泻。幸亏父亲懂得一点儿中医，在野地里找到了几棵解毒的药草，才帮陆游的母亲保住了命。陆游才两岁，小孩子饿得快，哭喊着要食物，他父亲只好用身上的袍子换来一些烧饼，让陆游啃着吃。

不过当时最大的危险并不是没饭吃，而是要躲避金国军队和宋朝败兵的杀戮。全家人远远看见尘土飞扬，就以为是当兵的骑着马杀

宋代汴河船模型，选自《中国古代交通》，商务印书馆出版。

过来了，赶紧躲进草丛里，不敢喘一口大气，更不敢生火做饭，以免让那些恶魔瞧见炊烟。

小陆游和他的父母如此历尽千辛万苦，终于在半年以后抵达绍兴老家。

多知道点

三山杜门作歌

陆 游

我生学步逢丧乱，家在中原厌奔窜。

淮边夜闻贼马嘶，跳去不待鸡号旦。

人怀一饼草间伏，往往经旬不炊爨（cuàn）。

呜呼！乱定百口俱得全，孰为此者宁非天！

这首诗是陆游晚年根据回忆写的，诗中写了他小时候遭逢国难、跟随父母从中原逃奔江南的惊险历程。

"淮边夜闻贼马嘶，跳去不待鸡号旦。"深夜里走到淮河岸边，全家人都累坏了，正准备好好休息一下，忽然听见一声马嘶，知道金兵又追来了，赶紧起来继续奔逃，顾不上天还没亮。

"人怀一饼草间伏，往往经旬不炊爨。"爨是做饭的意思。为了躲避追兵，大家都在草丛里藏着，每人怀里揣着一张大饼，饿了就拿出来轻轻啃几口。大饼又硬又凉，硌得嘴疼牙累，又不易消化，可是为了不被追兵发现，常常十天半个月不敢生火做饭。

陆游的英雄梦

小神童巧断家务事

陆游一家冒着随时可能被金兵和强盗杀掉的危险，从战火连绵的中原地区回到了相对安全的故乡绍兴。一到绍兴，全家老小不约而同地长出一口气，以为总算可以过一过安生日子，不用再提心吊胆、担惊受怕了。

哪知道安生日子才过了没多久，这家人就又踏上了逃难的道路。

宋高宗建炎四年，也就是公元1130年，金国大军继续南侵，就像铺天盖地的蝗虫一样飞越江南，先攻打南京，又攻打杭州，周边的大小城市相继沦陷。

金兵非常野蛮，非常凶残，他们每攻下一个城市，都要杀掉成千上万的男人，抢走成千上万的女人，烧掉成千上万所房子，抢走成千上万两银子。他们每经过一个地方，都要留下成群的孤儿，留下成堆的尸体，留下一眼望不到边的残垣断壁……

这一年，陆游刚满五周岁，还没有开始上学，但是他已经从大人嘴里听到了各种传闻。那些传闻都是关于金兵的斑斑劣迹：

镇江金山寺的老方丈拒绝给金国军官做法事，被扔到火里活活烧死。

苏州沧浪亭后园里躲着几百个难民，不幸被金兵发现，全部被杀，尸体全扔进一个人工湖里，把湖水都染红了。

金兵攻打南京城，打了半个月，始终没有攻进去，又羞又怒，把怨气撒到无辜百姓头上，派出马队四处放火，南京城外上万所民房被他们烧成白地，有些人侥幸从火海里逃出来，又被守在外面的金兵杀害，死状很惨。

听了这些传闻，陆游的心里充满了强烈的恨意。他暗暗发下誓言："将来长大了，我一定要冲到最前线，亲手杀光这些侵略者！"

可惜他还小，没有抵挡金兵的能力。他父亲是个文官，还是个已经退休的文官，无职无权，只有一个官衔儿，也没有抵挡金兵的能力。眼看着金兵越来越近，绍兴城也快要沦陷了，陆游一家必须离开。

金兵离绍兴还有五十里的时候，陆家出发了。陆宰、陆游、陆游的母亲、陆游的祖母，以及陆游的叔伯兄弟、三姑六姨等人，一百多口集体出发，向东阳逃难。

东阳也属于浙江，位于绍兴的南方。那里活跃着一支战斗力很强的非政府军，军纪严明，士气高昂，可以抵挡小股金兵的骚扰。这支队伍的首领姓陈，名叫陈彦声，是陆游父亲朋友的朋友，所以陆游一家要去投奔他。

陆游在东阳住了三年，从五岁一直住到八岁（周岁）。这期间，父亲通过陈彦声的帮助，请来一位老师教陆游认字，也就是说陆游的启蒙教育是在东阳完成的。

陆游很聪明，认字很快，记性很好，一上学就能背出几百首诗，记忆力好得让所有人都惊讶。不过最让大家惊讶的还不是陆游的记性，而是他的智慧。

东阳有一个非常有钱的老人，跟陈彦声是同族兄弟，名叫陈彦清，我们姑且叫他陈老。陈老生了两个儿子，一个叫陈大，一个叫陈

陆游的英雄梦

二。陈老把一辈子积攒的家产平分给了两个儿子，然后就死了。陈老一死，陈大和陈二就闹起了矛盾：陈大说父亲偏心小儿子，分给陈二的家产多，分给他的家产少；陈二却说父亲偏心大儿子，值钱的东西都分给了陈大，他这个老二吃了暗亏。弟兄俩谁都认为自己亏了，都急赤白脸地喊冤，都去找族里的长辈陈彦声主持公道。

俗话说得好，清官难断家务事。陈彦声先是从道德上感化两位侄子，劝他们合成一家好好过日子，以后和和睦睦的，别分什么你的我的，他俩根本不听这套。然后陈彦声又从账面上给他们做调解，分别对他们的家产进行估价和算账。噼里啪啦算了半天，算出来的结果是两人分到的财产差不多，可是两人还是不服，说陈彦声的估价不公道。

陈彦声没招儿了，去找陆游的父亲陆宰请教解决方案，因为陆宰做过官，做的还是大官，相信他一定能帮忙想出合情合理的解决办法。

陆宰听完陈彦声的叙述，扭过头一瞧，陆游正站在旁边听大人说话呢，于是问道："儿子，人人都说你聪明，今天我想考考你，你觉得这个事情该怎么办呢？"陆游琢磨了一会儿，用小手比划着说："可不可以让他们把家产调换一下？"

陆宰一听，嗯，这孩子说的真是个好办法。陈彦声也翘起大拇指，向陆宰连声夸赞："您家的小公子真聪明，真是你们陆家的千里驹，将来前途不可限量！"

陈彦声回到家，随即让人找陈大和陈二过来，和颜悦色地对他们说："你们哥俩听好了，你说他分的家产多，他说你分的家产多，既然你们俩都羡慕对方，那我就让你们互换家产，你们服不服？"

听完这个方案，陈氏兄弟都很高兴，异口同声地说："好，就这么办！"随后陈大要了陈二的家产，陈二得了陈大的家产，俩人都很满意，一场风波就此平息了。

凭着陆游的小计谋，这宗久拖不决的分家争端得到了圆满解决。由此可见，陆游小时候不但聪明，而且很有智慧。

回过头来再说陈氏兄弟。俩人互换家产以后，高兴了没几天，终于醒过神来了："哎呀，原来父亲分给他的东西跟分给我的东西都一样啊！看来父亲并不偏心，是我们兄弟俩太自私了！"再一打听，帮他们想出互换家产办法的居然是一个七八岁的小孩，更加感到惭愧："我们白活了这么大，论品行，论智商，都还比不上人家小陆游呢！"于是兄弟二人开始发奋读书，希望通过自己的努力来光宗耀祖，弥补以往的错误。

大约三十年后，这对陈氏兄弟功成名就，他们从各自的家产里拨出几百亩地，建了一个"义庄"，专门资助家族里的穷人。谁家的孩子

范义庄，即范氏义庄，由北宋著名政治家、文学家范仲淹在苏州祖宅创立，也是中国历史上最早的义庄。

陆游的英雄梦

上不起学，就去义庄领学费；谁家的孩子吃不上饭，就去义庄领粮食。这一慈善壮举在浙江东阳影响很大，对陈氏兄弟的善心和大公无私，当地人都竖起了大拇指。

其实归根结底，陈氏兄弟兴建义庄还离不开陆游呢，如果不是陆游提出的好办法，他们哥俩可能还在那里争家产呢！

多知道点

一、周岁和虚岁

现代中国人喜欢用周岁来计算年龄，古代中国人则喜欢用虚岁来计算年龄。

周岁是一个人的实际年龄，从出生到现在过了几年，就等于活了几岁。比如说陆游是1125年11月13日出生的，他到了1126年11月13日就是一周岁，到了1127年11月13日就是两周岁。

而虚岁则比周岁多出一岁甚至两岁，这是因为古人习惯把刚刚出生的婴儿就定为一岁（实际上是零岁），以此类推，到了周岁就成了两岁，到了两岁就成了三岁。如果一个小朋友的生日接近春节，按照古人的计岁习惯，他刚出生是一岁，过了春节就变成两岁，而他的实际年龄其实才刚刚满月。在这种情况下，虚岁等于比周岁大了两岁。

本书为了照顾咱们现代人的计岁习惯，已经把陆游以及其他相关人物的年龄全部换算成了周岁。

二、义庄

"义庄"这个词在过去有两种意思，一是集中存放棺材的公共祠堂，二是用于家族慈善事业的公共土地。

古代中国人过于重视丧事，埋葬一个人往往需要花很多钱。穷人拿不出这笔钱，办不起葬礼，只能把死去的长辈的灵柩寄放到义庄里，等攒够了钱，再把灵柩从义庄搬出来，大摆供品，念经超度，风风光光地埋进墓地。这是第一种义庄。

古代中国人也重视家族，一个大家族往往包括几十个、几百个乃至上千个家庭，这些家庭有穷有富，有贵有贱，有的吃香喝辣，有的挨饿受冻，生活差距非常悬殊。为了让整个家族均衡发展，共同进步，某些富裕之家会拿出一部分土地，租给佃户耕种，每年所收的租金全部用来救济家族里的贫困家庭。这是第二种义庄，前文中陈氏兄弟成立的就是第二种义庄。

陆游的英雄梦

第一次挨批评

在东阳住了三年，金兵退走了，绍兴平安了，陆宰思乡心切，带着一家回到绍兴。

回到绍兴以后，陆宰亲自教陆游读书。他的教法比较独特，教完了最基本的文法知识和句读常识，就放开手，让陆游自己读书。读什么他不管，全凭陆游的兴趣，想读历史就读历史，想读小说就读小说，想读经书就读经书，想读医书就读医书。读到哪里读不懂了，陆游会提出疑问，陆宰再重点讲解。

陆宰是个很有学问的官员，同时也是一个名气很大的藏书家。他一辈子收藏了几万本书，全部对儿子开放，所以陆游的阅读空间非常大。上至天文，下至地理，应有尽有，无所不读，就像在书的海洋里游泳一样。

在父亲的指导下，陆游读完了《千字文》《百家姓》等启蒙书，又读完了《论语》《孟子》《庄子》《老子》等书。到了十三岁那年，他忽然喜欢上了《诗经》，天天捧着读，爱不释手。

《诗经》是中国第一部诗歌总集，是战国以前的古人整理的，文字很晦涩，还有很多生僻字，陆游读起来很吃力。陆宰说："你这个年龄还不具备读《诗经》的能力，给你换一本适合读的诗吧！"说完递给陆游一本《陶渊明诗集》。

陶渊明是晋朝的隐士，他喜欢用非常浅显的语言描述田园生活，不用那么多典故，更不用生僻字入诗，诗写得既清新又朴实，陆游一下子就喜欢上了。

吃早饭的时候，陆游的母亲叫陆游吃饭，发现陆游正在朗诵陶渊明的诗：

> 少无适俗韵，性本爱丘山。
>
> 误落尘网中，一去三十年。
>
> 羁鸟恋旧林，池鱼思故渊。
>
> 开荒南野际，守拙归园田。

母亲喊道："乖孩子，别读了，跟我回去吃饭吧！"陆游说："等我读完这一首就过去。"于是母亲就走了。过了半个时辰，早饭都凉了，陆游还在那里兴致勃勃地朗读《陶渊明诗集》。

该吃午饭了，母亲又去叫陆游，这时候他正在朗诵陶渊明的另一首诗：

> 种豆南山下，草盛豆苗稀。
>
> 晨兴理荒秽，带月荷锄归。

陆游的母亲出身于大家，是个才女，她听到陆游读这首诗，就问儿子："这一首写的是什么意思，能不能给我讲讲？"

陆游说："是说陶渊明早上起来去庄稼地里锄草，晚上天黑了，他就扛着锄头回家吃饭了。"

母亲道："人家陶渊明是大诗人，大诗人知道回家吃饭，你这个小诗人怎么不知道回家吃饭啊？"

陆游不好意思地笑了起来，他让母亲先回去，说自己马上就去。结果他一拿起诗集，又把吃饭的事儿忘在脑后了。直到天色很晚的时候，全家人都出来劝他，他才依依不舍地放下书本。

在饭桌上，陆游很自豪地告诉父亲："这本《陶渊明诗集》我一天就看完了，而且还看了两遍。"他以为能得到父亲的表扬，哪知道父亲狠狠地批评了他一顿，说他不按时吃饭是最大的毛病，要是不改的话，以后就别想再吃饭了。

陆游是家里最小的男孩，从小备受疼爱，父母从来没有责骂过他，这回是他第一次受批评，他觉得委屈极了：读书学习是好事儿啊，我读了一天的书，你们怎么还批评我！

陆宰见陆游委屈得想哭，就把筷子一放，从里屋捧了一架琴出来，调了调弦，弹了一首节奏欢快的小曲子，弹完以后，他问陆游："乖孩子，你觉得我弹的曲子好听吗？"陆游沉浸在乐曲当中，完全忘却了自己的委屈，说："真是好听极了。"随后陆宰又把琴弦调到最紧，让陆游去弹，陆游刚弹了一个调，琴弦就"嘣"的一声断了。

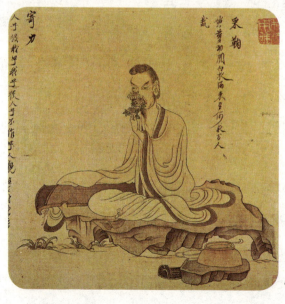

明代画家陈洪绶所画的
《陶渊明采菊图》

陆宰问道："知道为什么琴弦会断吗？"

"因为您把琴弦调得太紧了。"

"对啊，琴弦调得太紧了会断，人的视力和精神要是调得太紧的话，也一样会断的。像你这样读书，一整天都对着书本，既不吃饭，也不休息，不出十天，你的眼睛会坏掉，身体会垮掉，精神会变得衰弱。要是那样的话，还不如干脆不让你读书认字呢！"

陆游听完父亲的话，知道自己错了，他向父母保证："从今天起，我读书最多一个时辰就休息一回，绝对不会再像今天这样犯傻了。"

父亲很高兴，又接着说："人的一生就跟这几根琴弦一样，既不能太紧，也不能太松。读书也好，做事也好，都应该同时做到两点：第一，持之以恒，坚持到底；第二，学会休息，放松自己。如果你能做到这两点，将来长大了一定会有出息。"

陆游重重地点了点头，他觉得父亲说得有道理，并相信自己不会违背父亲的教导，将来也不会辜负父亲的期望。

陆游后来确实是按照父亲的话去做的。他一生爱书，读书无数，如果是普通人，像他那样读那么多书，不到五十岁眼睛就花了，由于他劳逸结合，注意休息，一直到了八十岁那年，视力都保持得很好。他晚年有一首诗描述自己的视力："归老宁无五亩园，读书本意在元元。灯前目力虽非昔，犹课蝇头二万言。"后两句的意思是虽然视力不如小时候了，可是蝇头那么大的小字还看得清，一口气读完两万字的长篇大论毫不吃力。

陆游的一生永远围绕着"抵抗侵略，恢复中原"这八个字。他做官是为了抗金，丢官是因为抗金。年轻时血气方刚，一心要上战场杀金兵；老来无力杀敌了，还把自己的爱子送上前线。这其实是秉承了他父亲教给他的第一项原则："持之以恒，坚持到底。"

同时，陆游也遵从了父亲教给他的第二项原则："学会休息，放松自己。"无论是在朝当文官编写史书，还是去前线做参谋千里行军，他都注意养生，注重锻炼，决不贪功冒进，透支健康，所以能硬朗地活到八十多岁，给我们后人留下众多优美的诗篇。

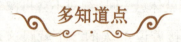

多知道点

书巢记

陆　游

陆子既老且病，犹不置读书，名其室曰"书巢"。

客有问曰："鹊巢于木，巢之远人者；燕巢于梁，巢之袭人者。凤之巢，人瑞之；枭之巢，人覆之。雀不能巢，或夺燕巢，巢之暴者也；鸠不能巢，伺鹊育雏而去，则居其巢，巢之拙者也。上古有有巢氏，是为未有宫室之巢。尧民之病水者，上而为巢，是为避害之巢。前世大山穷谷中，有学道之士，栖木若巢，是为隐居之巢。近时饮家者流，或登木杪，酣醉叫呼，则又为狂士之巢。今子幸有屋以居，牖户墙垣，犹之比屋也，而谓之巢，何耶？"

陆子曰："子之辞辩矣，顾未入吾室。吾室之内，或栖于楹，或陈于前，或枕藉于床，俯仰四顾，无非书者。吾饮食起居，疾痛呻吟，悲忧愤叹，未尝不与书俱。宾客不至，妻子不觌，而风雨雷雹之变，有不知也。间有意欲起，而乱书围之，如积槁枝，或至不得行，则辄自笑曰：此非吾所谓巢者耶？"

乃引客就观之。客始不能入，既入又不能出，乃亦大笑曰："信乎其似巢也。"

这篇文章是陆游晚年写的，文章内容可概括如下：

陆游把自己的书房命名为"书巢"，有个朋友听说了，问陆游："巢是巢穴的意思，鸟窝是巢穴，原始人住的地方也可以叫巢穴，你的书房怎么能叫巢穴呢？"陆游说，我的书房不光书柜里堆满了书，连床上、墙上和地板上也全都是书，几乎没有下脚之地。那朋友去陆游的书房参观，发现果然如此，进去出不来，出来了又进不去，不得不感叹道："你的书房确实像巢一样啊！"

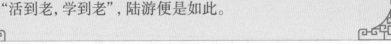

从这篇文章可以看出，陆游热爱书籍，热爱学习，从他认字那天起，一直到他去世，没有一天不在读书学习。俗话说"活到老，学到老"，陆游便是如此。

陆游的英雄梦

好老师碰上犟学生

咱们现代人上学，会遇到很多老师：读小学有小学老师，读中学有中学老师，学语文有语文老师，学数学有数学老师，从小学一年级读到小学六年级毕业，平均每个学生要经过二三十位老师的教导。

古人求学也是这样。拿陆游来说，开蒙（古时孩童刚开始学习认字叫"开蒙"）的时候有开蒙老师，学古文的时候有古文老师，学古琴的时候有古琴老师，后来他参加科举考试并考中举人，按照惯例主考官也成了他的老师（古代考生通过科举以后，一律尊称主考官为"座师"）。

陆游一生有多少位老师呢？不知道。我们只知道有两位老师对他的影响最大：第一位老师是他的父亲陆宰，传授给他科学的学习方法，让他一辈子受用不尽；第二位老师就是他的诗词老师，一位名叫曾几的文学家。

曾几既是陆游的诗词老师，也是陆游的精神导师，同时还是陆游最佩服的前辈。但是师徒两人刚开始相处的时候，陆游却对他的这位老师很不满。

曾几跟陆宰一样，本来也是个大官，后来被罢免了官职。为什么会被罢免呢？因为大奸臣秦桧在捣鬼。我们知道，秦桧是南宋最有名的大奸臣和投降派，不但害死了抗金名将岳飞，还罢免了许多主战派官员，曾几就是秦桧当权的时候被罢免的主战派大臣。

曾几被罢了官，不得不离开都城临安（今浙江杭州），携家带口到绍兴隐居，很快就和陆游的父亲成了好朋友。陆宰特别欣赏曾几写的诗，所以让陆游拜在曾几门下，跟曾几学习诗词。

　　老话说得好：熟读唐诗三百首，不会写诗也会吟。想学会诗词，首先得多读诗词，陆游最喜欢读陶渊明的诗，曾几却建议他多读晚唐诗人的诗，因为晚唐诗人注重格律，诗词规范，一字一句都有讲究，不像陶渊明那样随心所欲，所以刚学写诗的人最适合从晚唐诗入手，这样才能学得扎实。

　　陆游那时候十四岁，用咱们现在的话讲，正处于少年叛逆期，肚子里一百个不服气，曾几让他多读晚唐诗，他偏不读。曾几只好耐心引导他："你小时候学过写字吗？"陆游骄傲地说："当然学过，我五岁就会写字了。"曾几问："你学的是楷书还是草书？"陆游说是楷书。曾几又问："为什么刚开始不学草书啊？"陆游说："您连这个都不懂啊？我父亲跟我说过：楷书是基本功，只有把楷书练好，才有可能写好草书，如果直接写草书，一定会乱写一气的。"曾几笑道："既

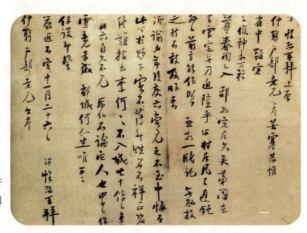

陆游的书法作品《苦寒帖》，现藏北京故宫博物院。

陆游的英雄梦

然你懂得学字应该先练基本功，怎么就不懂得学诗也要先练基本功呢？晚唐诗就是学习写诗的基础嘛！"陆游被老师说得哑口无言，乖乖地翻开晚唐诗集，一首一首地朗诵起来。曾几很高兴，慢慢教给他什么是平仄，什么是对仗，怎样写五言，怎样写小令。第一天的课程就这样结束了。

到了第二天，陆游又开始捣蛋，他用大号毛笔在曾几让他读的那几首诗词上划了好几个黑叉。曾几问他为什么这样做，他说："我不喜欢这些诗词！""为什么啊？""这都是花间派的作品，讲的都是风花雪月，那时候到处都闹灾，到处都打仗，唐朝都快完蛋了，老百姓都快饿死了，这些家伙不去想办法救国家救百姓，天天写这种无病呻吟的东西，我才不读呢！"陆游说完这些话，满以为能把老师气走，哪知道曾几一点儿都没生气，居然微笑着拍了拍陆游的小脑袋，赞许地说："你这孩子有思想，有觉悟，还有满脑子为国为民的正义感，值得表扬！"

陆游喜出望外："您说我值得表扬，那我以后是不是可以不读这些诗词了？"曾几摇了摇头："不行，你还得读。"陆游失望了，他觉得老师不可理喻。曾几笑着解释道："傻孩子，我让你读晚唐诗词，是为了让你学习它的格律，并没有让你学习它的思想啊！这些作品就好像河豚，河豚肉质鲜美，内脏却有剧毒，假如别人请你吃河豚，你难道会连内脏一起吃下去吗？"陆游这回懂了，他诚心诚意地向老师道歉，继续诵读晚唐花间派的作品。

要说从此陆游就不再跟老师捣蛋，那是不可能的。诗词课程进行到一半，曾几跟陆游谈起国家大事，谈到屈辱求和的高宗皇帝和奸相秦桧，陆游义愤填膺，呼地一下从座位上站起来说："曾老师，等我长大了，一定把奸臣杀光，把金兵赶走，把中原收回来！"曾几赶紧捂住陆游的嘴："傻孩子，你这些话要是传到朝廷耳朵里可了不得！"

陆游一把推开老师的手，带着三分不屑、七分瞧不起的劲头说："我还以为您是个爱国义士呢，原来这么怕死，您难道忘了秦桧是怎么让您丢官的吗？"曾几摇摇头说："我当然恨秦桧，但那不是因为私仇，而是因为国恨。我也不是怕死，我是为了国家才保全性命的。我跟你一样痛恨投降派，可是你知不知道，现在正是投降派掌握着这个国家的政权，假如现在有人采取暴力把投降派赶下台，会引起旷日持久的政局动荡，那时候金兵一定趁虚而入，咱们外有边患，内无首领，离真正的亡国灭种也就不远了。再说了，就凭咱们这些人的实力，就凭北方义军那些乌合之众，又怎么斗得倒那些手握大权的投降派？恐怕还没起兵就被灭族了，咱们连性命都保不住，又怎么谈得上保家卫国？"

曾几讲的道理并不复杂，但是陆游不懂，他年轻，他冲动，他不懂什么叫曲线救国，他只认为老师年老怕事，懦弱无能，所以也就不再跟着曾几学习诗词了。直到陆游人到中年，在官场上处处碰壁，报国无门，才明白仅凭一腔热血是不行的，没有政治智慧是不行的，才明白老师当年讲的话都是金玉良言。他想向老师忏悔，可是老师已经去世了。

陆游曾给同学写过两句诗："人间可恨知多少，不及同君叩老师。"意思是他后悔的事情很多很多，其中最后悔的就是老师死了，他却没有来得及在老师去世之前去看望一下。他说的这位老师，就是曾几。

陆游的英雄梦

花间派

"花间派"是唐朝晚期和五代十国时期流行的一种诗词流派，主要写风花雪月，格调不高，但是格式上非常工整，读起来朗朗上口，音乐性很强。

例如花间派代表词人温庭筠的名篇《望江南》：

梳洗罢，独倚望江楼，过尽千帆皆不是，斜晖脉脉水悠悠，肠断白蘋洲。

这首短词描写的是一个女子站在江边楼上等待情人归来的情景，跟国计民生毫无关联，陆游不欣赏这类作品。

好成绩惹恼大奸臣

陆游爱读书，爱学习，脑子也聪明，擅长独立思考，对什么事情都有自己的看法，十几岁的时候就很有名气。在他的老家绍兴，人们都称他为"神童"。

曾几是他的诗词老师，平生只收了他一个学生。有人问曾几："孔夫子弟子三千人，叔孙通（汉朝的大学问家）弟子百余人，你怎么只教陆游一个学生啊？"曾几说："千人不为多，一人不为少，我的这个学生非常优秀，将来一定能出人头地。"这句夸奖传到陆游那里，陆游感到很自豪。

年轻人是很容易骄傲的。十五岁那年，陆游打算考举人，他父亲劝他再多学几年，等基础打牢了再去。陆游不听，在父亲跟前夸下海口："就凭我的才学，考个举人轻而易举！"结果考砸了，名落孙山。

那时候举人是三年一考，陆游埋头苦读，备战了三年，再次应考。这回的成绩非常好，顺顺利利地考中了，而且还考了第一名！

宋朝有句俗话："四十得解，五十得贡。""解"是指考中举人，"贡"是指考中进士。那时候举人和进士都很难考，四十岁能考中举人，五十岁能考中进士，就已经不容易了，而陆游不到二十岁就中了举人，确实非常了不起。

考中举人以后，陆游去杭州考进士。这次考试未能考中，陆游吸

陆游的英雄梦

取上次的教训，又在家苦读了整整十年，才再去杭州参加进士考试。这时候是绍兴二十三年，也就是公元1153年，陆游已经二十八岁了。

绍兴离杭州很近，陆游没有坐船，骑着马去赶考，他的仆人陆阿喜帮他背着行李。主仆二人谈笑风生，左顾右盼欣赏风景，一路上不紧不慢地往前走，心里丝毫没有压力。因为陆游知道自己的火候已经到了，考进士肯定不成问题。

来到了杭州，离考试时间还有好几天。陆游租下了民房，让陆阿喜在住处看管行李，自己一个人上街闲逛。刚一出门，就听见有人高喊"务观兄"。陆游一瞧，是老同学！

这个老同学名叫尹穑（sè），曾经跟陆游拜在同一个老师门下学习《易经》，也是到杭州考进士来了。同学相见，自然分外开心，陆游跟尹穑寒暄了一阵子，请尹穑去西湖岸边的一座茶楼里喝茶。

到了茶楼之上，看着楼下游人如织，远处的水面波光粼粼，荷叶密密麻麻地像绿色的被子一样盖着小半个西湖，一条条渔船在荷叶丛中钻进钻出，陆游的兴致更高了，约尹穑联句吟诗。尹穑却不像他那么高兴，让茶博士（宋朝人对茶楼服务员的尊称）上了两碗浓浓的茶汤，一小口一小口地啜茶，脸上的眉毛都皱到一处了。

陆游笑道："尹兄太夸张了，不就是一碗茶嘛，会有那么苦？"

尹穑说："茶倒不苦。"

"那你怎么一副苦大仇深的样子？"

"我有点儿担心考试。"

陆游哈哈大笑，对尹穑说："考试怕什么？别人或许会怕，尹兄你怕什么啊？你的悟性和记性在咱们同学里是最出色的，《易经》那么难背，你看了三遍就背下来了，连咱们老师都没你背得好呢！来，咱们快来吟诗，你要是不答应，就给我背背桌上这本菜谱！"

尹穑把茶碗放下来，突然压低了声音说："务观，你知道今年这科考试都有谁参加？"

陆游奇怪地问："照往常的考生人数，应该总有好几千吧，那么多人谁记得住？再说了，人家参加考试跟咱们有什么关系？"

"当然有关系。我告诉你，今科有一批考生很有来头，像张郡王的外甥、杨和王的表侄、赵太史的小舅子，听说都会来应考。我还听说秦太师的孙子也要参加！"所谓秦太师的孙子，自然是指秦桧的孙子秦埙（xūn）。

陆游对秦桧没什么好感，但他并不反对秦桧的孙子参加考试。他笑着说："他们考他们的，咱们考咱们的，怕什么？反正都是密卷考试，考生名字都糊着呢，他们再有背景也不能作弊啊！"

尹穑叹了口气，说："人人都夸你聪明，我看你还是不通世故。现在的科考哪有不舞弊的？你要是不信，就等着瞧吧！"

尽管如此，陆游仍然信心百倍，他相信自己的实力，也相信考官的公正，认为尹穑不过是在自己吓自己。退一万步讲，就算秦桧等人手眼通天，能让一批跟他们有关系的考生瞒天过海，他陆游也不怕——每科进士能录几百人呢，有背景的进士才有几个！

考试那天，陆游顺利进场，顺利交卷，一首诗、一篇赋、一段策论，都做得得心应手，有如神助。从考场出来，他吩咐陆阿喜弄来好酒好菜，提前为自己庆贺。这时候尹穑又来了，他带来了一个好消息和一个坏消息。

陆游的英雄梦

　　好消息是陆游的卷子一交上去，考官就看完了，看完以后连连夸赞："嗯，文笔非凡，气象万千，胸有丘壑，不同凡响，这个考生一定能中头名！"坏消息呢，则是秦桧已经跟主考官交待过，必须让孙子秦埙考中头名。

　　陆游听了这两个消息，一喜一忧。过了半个月，礼部放榜，陆游又一次中了头名！他的顾虑一扫而空，心想：到底还是邪不胜正啊！

　　按照当时的规矩，仅仅通过礼部举办的"省试"是不能算作进士的，凡是通过省试的考生还要再参加一回由皇帝亲自主考的殿试，才能获得进士的身份。

　　陆游相信殿试一定会更加公正，因为皇帝亲自监考，奸臣再大胆也不敢作弊。于是他再次进场，圆满交卷。结果这回考砸了，竟然被宣布除名！

　　其实不是陆游考砸了，而是秦桧在捣鬼。那天殿试主要考策论，让考生对国家大事发表见解，陆游洋洋洒洒写了一篇《逐胡复国论》，中

浙江杭州岳王庙外的秦桧跪像

心思想自然是驱除鞑虏、恢复中原。宋高宗读了，对秦桧说："这个考生的观点跟朕不一样，但文笔还是很出色的，我看不比你们家秦埙差，我准备把他排到第一，把秦埙排到第二。"秦桧却说："陛下圣明，像这样动不动就提议兴兵的考生绝对不是国家之福，最好不让他考中，这样才能让别的考生知道好歹。"宋高宗对秦桧那是百计百从，就把陆游的名字从进士榜上划掉了。陆游一被除名，秦桧的孙子秦埙自然就成了第一（后来宋高宗觉得不对头，又把秦埙降到了第三名）。

最优秀的考生名落孙山，达官显贵的孙子却能通过家族权势高高得中，这是陆游的不幸，更是帝制时代的悲哀。

多知道点

宋朝的科举制度

宋朝读书人想做官，首先要参加科举考试。

北宋初年的科举考试只分两级：

考生先在籍贯所在地考一回，地方官主考，这叫"州试"，又叫"解试"。通过了解试，就成了举人。

举人进京，参加礼部组织的全国统一考试，这叫"礼部试"，又叫"省试"。通过了省试，就成了进士。

到了宋太宗即位以后，为了避免考官营私舞弊，又增加"殿试"，让通过省试的考生再参加一场由皇帝亲自主考的考试。如果殿试成绩说得过去，才能给予进士的称号，如果殿试成绩非常差，皇帝会将其除名，并株连考官。

一般来说，只要通过了省试，殿试是很容易通过的，除非乱写一通，否则不会被刷下来。陆游不幸在殿试中被刷下来，正说明奸臣当道，皇帝昏庸。

到了明朝和清朝，科举考试的程序越来越复杂，考举人之前还要先考秀才，于是科举考试就从三级变成了四级，即第一级院试（考中了是秀才），第二级乡试（考中了是举人），第三级会试（考中了是贡士），第四级殿试（考中了是进士）。

在明清两朝，考中了举人就有了做官的资格。在宋朝，即使考中了进士也不能做官，还要再参加国家人事部门组织的"铨试"。铨试即相当于现在的国家公务员考试。

寻隐者不遇

陆游虽说落榜了，但是他还有做官的机会。

事实上，他十来岁就已经是官了。《宋史》记载："（陆游）年十二能诗文，荫补登仕郎。"意思是说，陆游虚岁十二时就会写诗做文章，朝廷让他做了登仕郎（相当于名誉官员）。

登仕郎是九品芝麻官。芝麻官也是官，十几岁的孩子怎么能做官呢？因为他父亲陆宰当过大官，而且在北宋末年抗金战争中供应过粮草，立过战功。按照封建时代的惯例，父祖有功，子孙便能获得任官的权利，所以陆游小小年纪就能得到一顶乌纱帽。不过他这顶乌纱帽只是个虚名，有官衔，没职位，有官帽，没工资。陆游要想当上真正的官，要么考中进士，要么有人荐举。

陆游的进士被除名，他只有靠荐举了。当时朝廷对荐举的要求很严格，必须有五名以上在职官员联名推荐，这些在职官员还必须写下保证书，保证他们举荐的人有干劲、有能力，将来不会贪污腐败，才能推荐这个人做官。好在陆游已经小有名气，他的父亲陆宰当年做官时也认识一批志同道合的同僚，到了三十三岁那年，他被举荐做了福州宁德县主簿，这是一个相当于县长秘书的基层岗位。

在福州宁德县待了一年，由于工作能力出色，陆游升官了，调到福州当决曹，相当于市级法院审判庭的庭长。决曹的工作也很出色，所以陆游再次升官，被朝廷调进京城，在敕令编定所做删定官。

敕令编定所是负责编纂法令的机构，删定官负责把皇帝亲自判决的案卷集中起来，在这个基础上对现有法令进行修改。编定所里有八个删定官，除了陆游，其他七个都是正儿八经考中的进士，只有陆游是靠推荐进入官场的，同事们有点瞧不起他，以为他走了后门。

陆游很苦恼。这时候他已经结婚多年，有了四个孩子。他的工作频繁调动，不能把家属接过来同住，只能跟妻子和儿女两地分居，饱受思念之苦。

苦恼的时候，他重读陶渊明的诗文，读到陶的名篇《归去来兮辞》，产生了一个冲动：弃官不做，回老家当隐士。不过当了隐士，首先要考虑生活问题，因为隐士也是需要吃饭的，这吃饭问题怎么解决呢？陶渊明的解决方案是务农，自己开荒种地，日子虽说苦了点儿，毕竟可以摆脱官场的束缚。可是陆游不会种地啊，他觉得自己辞官之前必须先学会种地。

杭州城郊有座小山，山脚下住着一位隐士，据说很著名，陆游决定去拜访他，顺便向人家请教请教怎样务农。

宋朝官员没有周末，每上十天班，才放一天假。月底放假那天，陆游去城郊拜访那位隐士。他没带仆人，自己骑着一头青驴，一边走，一边打听隐士的住处。

等进了山，陆游的心情变得非常好。山里清风拂面，草长莺飞，满世界都是春意，从拥挤不堪的闹市来到这里，心中烦恼一扫而空，感觉整个人都轻飘飘的，连他骑的驴子都高兴得一路小跑。陆游心想：等我辞了官，也搬到这里住，在这儿当隐士简直就像上天做神仙。

来到隐士家门口，陆游翻身下驴，正一正帽子，掸一掸袍子，一手拿起门环，恭恭敬敬地连敲三下。他想到即将见到著名的隐士、当代的陶渊明、自己羡慕已久的偶像，忍不住激动起来，心都快跳到嗓子眼儿了。

门开了，一个少年出现在陆游面前。陆游一愣：哦，这么小，应该不是隐士，应该是隐士的儿孙。于是问道："请问小公子，这里的主人是你父亲还是你爷爷？我是从城里专程来拜访他的，请问他今天在家吗？"

那少年很傲气，爱答不理地说："什么小公子？我是这户人家的书童！"陆游赶紧道歉，并请书童进去通报，书童反问道："你谁啊？没名没姓，我怎么给你通报？"陆游说："我叫陆游，是敕令编定所的删定官。"那书童本来鼻孔朝天，一脸不耐烦，一听陆游是官，马上满脸堆笑："哎哟，原来是陆老爷啊，恕罪恕罪，我家主人要是知道您今天来，一定在家等着您，可是真不巧，今天宫里的王公公过五十大寿，

位于四川成都的陆游骑驴塑像

他不知道您来，去给王公公祝寿去了。您要是不介意，千万赐一张名片，回头我主人回家，他一定会进城回拜您的。"

陆游听完这些话，扭头就走，书童想追出来帮他牵驴，他早就跨上驴走远了。

陆游本来想见真正的隐士，结果见到了一个势利眼书童，又从书童嘴里知道其主人竟然是一个给宫里太监溜须拍马的俗人，他陆游才不愿拜访这种恶俗不堪的假隐士呢！

这个经历让陆游明白了：原来隐士也不一定都是君子，离开官场也不一定内心清净。算了，我还是老老实实做官，好好想想怎样用这顶乌纱帽为国为民做些实事儿吧！

可以招降，不可封王

1162年，宋高宗退位，把皇位传给了宋孝宗，自己做太上皇。

宋孝宗可比宋高宗强得多。高宗是昏君，他是明君；高宗是投降派，他是主战派；高宗宠信秦桧，杀害岳飞，他刚一登基，就狠狠打击秦桧的同党（这时候秦桧已经死了），同时努力恢复岳飞的名誉。

陆游这时候已经从敕令编定所调到枢密院当编修官，相当于国防部秘书，他和其他主战派官员见此情形都很高兴，以为总算能看见希望了，但是很快就发现孝宗皇帝并不掌握大权，真正掌权的还是宋高宗。宋高宗躲在深宫里当太上皇，看起来好像啥事儿都不过问，可是只要一涉及跟金国交战的问题，他就站出来发话："和平来之不易，谁都不许破坏。"宋孝宗和文官武将只能听他的。

南宋这边不破坏和平，挡不住人家金国破坏。宋孝宗即位才半年，金国就提条件了，要求南宋把唐州和邓州等地划给他们。唐州就是现在的河南唐河，邓州就是现在的河南邓县，这俩地方都位于淮河以北，一向是南宋的北大门，假如把它们割让出去，北大门就敞开了，宋孝宗当然不答应。金国见要求不能满足，立即出兵攻打邓州，把邓州城外方圆百里的无辜百姓杀了个精光。

这下惹恼了中原百姓，河南和山东好几个州县同时起义，杀掉金兵，打开城门，迎接南宋军队的到来。南宋将领趁机北上，收复了几

陆游的英雄梦

处失地。捷报传到杭州，宋孝宗大喜，紧急召开御前会议，跟大臣们研究到底该不该对金国宣战。

这时老丞相陈康伯已经退休，新任丞相名叫史浩，是一个比较软弱的主战派。也就是说，他主张打击金国，但是又觉得金国实力太强，最好不要明着打。既要打，又不能明着打，这仗还怎么打呢？史浩想出了一条计策：派人去已经沦陷的中原散发宣传单，宣传单上写明，只要有哪一个农民军领袖击败了金国驻军，夺回了中原失地，或者金国哪一个地方官愿意弃暗投明，向南宋献上一两座城池，那么南宋朝廷就封他为王，让他和他的子孙世世代代统治那座城池，当地的百姓归他统治，当地的税收归他所有，当地的司法归他管理，当地的军队归他指挥，南宋朝廷决不干涉。

史浩的意图很明确：把北方义军和金国官员的积极性鼓动起来，

瓜洲古渡，位于江苏扬州古运河下游，南宋时这里是宋金两国的东部边界。

引诱他们起来"造反"，把金国搞乱套，越乱越好，到时候南宋方面再让正规军全面出击，就能一举消灭金国，收复中原了。

宋孝宗赞同史浩的计谋，他问史浩怎么散发那些宣传单。史浩说："不妨用蜡丸暗藏宣传单。"宋孝宗当太子的时候就听说过陆游，很欣赏陆游的文采和智谋，于是就让史浩给陆游传话，由陆游来起草宣传单。

陆游赶到政事堂（丞相办公的地方），听史浩讲完来龙去脉，沉思了一会儿，摇摇头说："史相公见谅，我觉得您的计策有问题。"史浩的官位比陆游高得多，一听陆游居然胆敢批评他的"妙计"，心里就有些不高兴，不过他没有表现出来，毕竟他是丞相，没点儿肚量怎么行。

史浩说："陆编修有何高见？"陆游这时候还不到四十岁，心气很高，官场经验比较欠缺，他见史浩问他"有何高见"，以为真是让他提建议，就长篇大论说了下去：

"您这条计策有三个漏洞。

"第一，您不愿跟金国正面宣战，可是这份蜡丸传单散发出去，金国必然会知道，名义上没宣战，实际上它就是一份宣战书，金国照样会派大军进攻我们。

"第二，您许诺给义军领袖和金国降官封王，朝廷不要租税，不派军队，司法、行政、军事、财政永远独立，将来中原收复了，我们得到的将不是一整片失地，而是诸侯林立的国中之国。几百个小国各自为政，权力世袭，不出十年，肯定你打我、我打你，搞得天下大乱、民不聊生，中原老百姓就更苦了，比在金国统治下还要苦！

陆游的英雄梦

"第三，您还记得咱们太上皇在位期间是怎么对付北方义军的吧？不管哪一支义军投奔过来，他老人家都龙颜大悦，许诺给人家封官封侯，可是等金国那边一发话，他就乖乖地把义军送回去，让金国朝廷砍掉义军的脑袋。出尔反尔，失信天下，北方人民早就寒心了，您又怎能保证今后朝廷不再失信呢？"

史浩听完陆游的话，气得脸色铁青："依你之见，难道这蜡丸传单就不再发了？"陆游说："传单还是有效的，我只是觉得那些封王的承诺不要再提，因为朝廷根本兑现不了。"史浩把桌子一拍："成大事不必拘小节，现在最重要的是先把女真人赶出中原，将来的事情将来再说！"陆游无奈，只好照他的吩咐起草传单。

事实再次证明，陆游的分析完全正确。蜡丸传单在中原大地上广为散发，北方豪杰根本不信传单上的承诺，南宋朝廷期望的金国大乱局面并没有出现，收复北方的美梦又一次破灭了。

多知道点

一、史浩小传

史浩，南宋政治家，比陆游大二十岁，祖籍浙江宁波。

史浩出身富贵之家，他的祖父和父亲都是大地主，叔叔是副丞相。

史浩的仕途很顺利。他二十九岁考中进士，刚开始在温州做小官，很快被提拔到京城，负责教育皇族子孙，很受宋高宗的宠信。宋高宗退位后，宋孝宗让他做参知政事，也就是副丞相，后来又升任丞相。

史浩是主张抗金的，可惜他不懂军事，他在长江沿线的战略布置偏于保守，也没有足够的威望和能力来调动前线的大将。但是总体而言，这人是个好官，他在任时做过一件很得人心的大事，那就是为岳飞平反。

二、陆游帮史浩起草的《蜡弹省札》

朝廷今来，惇大信、明大义于天下，依周、汉诸侯及唐藩镇故事，抚定中原，不贪土地，不利租赋，除相度于唐、邓、海、泗一带置关，依函谷关外，应有据以北州郡归命者，即其所得州郡，裂土封建。

大者为王，带节度、镇抚大使，赐玉带、金鱼，涂金银印。其次为郡王，带节度、镇抚使，赐笏头金带、金鱼，涂金铜印。仍各赐铁券、旌节、门戟从物。元系蕃中姓名者，仍赐姓名。各以长子为节度、镇抚留后，世世袭封，永无穷已。余子弟听奏，充部内防团刺史，亦令久任。

将佐比类金人官制，升等换授。其国置国相一员，委本国选择保奏，当降真命。余官准此。七品以下，听便宜辟除。土地所出，并许截留，充赏给军兵、禄养官吏等用，更不上供。

每岁正旦一朝，三年大礼一助祭。如有故，听遣留后或国相代行。天申、会庆节，止遣国官一员将命。应刑狱生杀，并委本国，照绍兴敕令参酌施行，更不奏案。合行军法者，白从军法。

四京各用近畿大国兼充留守，朝廷惟于春季遣使朝陵，余时止用本处官吏侍祠。每遇朝贡，当议厚给茶彩香药等充回赐，以示抚存。遇一国有警急，诸国迭相救援。如开斥生地，俘获金宝，并就赐本国。仍永不置监司帅臣及监军等官。候议定，各遣子弟一人入觐。当特赐燕劳毕，即时遣回。

机会之来，时不可失，各宜勇决，以称朝廷开纳之意。

"蜡弹"就是蜡丸，"省札"就是由中央机构发出的公文。这份公文是陆游按照史浩要求起草的宣传单，写于宋孝宗隆兴元年二月。此时陆游三十八岁，仍在枢密院担任编修官。

总给皇帝提意见

　　陆游在都城临安当了三年多的京官，虽然得到宋孝宗的赏识，但是很快就被调出了京城，这是为什么呢？

　　因为他的性子太直，一不留神就得罪上司。不仅得罪上司，他甚至还得罪过皇帝。

　　宋高宗在位的时候，武官贪污很厉害，凡是手握兵权的大将，几乎都发了大财。有个叫张俊的将军，陷害过岳飞，受到宋高宗的重用，明目张胆地吃空饷。比如说他领一万军队，却按两万人上报，朝廷发下两万士兵的工资，其中一半被他截留，装进私人腰包。宋金第一次议和以后，张俊成了大地主，在湖北、湖南、浙江、福建都有土地，每年收租六十四万石（宋朝一石粮食重约六十公斤），他一个人的收入相当于几万个百姓家庭的收入。还有个将军叫杨存中，竟然娶了几十个老婆，每个老婆生了儿子，他都拿出上百万的铜钱作为奖赏。

南宋画家刘松年所画的《中兴四将图》，图上画有岳飞（左二）、张俊（左四）、韩世忠（右四）、刘光世（右二）四位武将。

陆游的英雄梦

有一天他出去闲游，碰见一个算命先生拍他马屁，说他一定能封王，他当场赏给算命先生五百万。这些钱都是从哪儿来的？当然是贪污来的。

岳飞在世时说过：文臣不爱钱，武将不惜死，方能天下太平。现在武将都贪财，都这么有钱，谁还会用心打仗呢？当宋高宗让百官大胆提建议的时候，陆游立马上书宋高宗，让他狠治武将的贪污风气。宋高宗说："我得靠他们保护国土啊，要是把他们罢免了，金兵来了谁替我挡？"陆游建议杀一儆百，首先剥夺杨存中的兵权。

这下把宋高宗惹火了。要知道，在所有大将当中，杨存中是最受信任的。此人打仗奋不顾身，在战场上救过宋高宗的命，宋高宗一直让他统领中央军，二十多年都没有换过人。在宋高宗看来，陆游建议罢免杨存中，简直就是居心叵测，想断掉朝廷的一条胳膊。

陆游性子强硬，坚持到底，见皇帝不听谏议，就联合其他官员一起上书，非让撤了杨存中不可。宋高宗一瞧，众怒难犯，不得已，罢免了杨存中，让他养老去了。这件事过后，宋高宗自然对陆游很不满。

得罪完了宋高宗，陆游又得罪了宋孝宗。

宋孝宗比宋高宗英明一些，一登基就提拔人才。他喜欢陆游的诗，说陆游是"小李白"，把陆游平调到了"太上皇圣政所"，让他给宋高宗编写传记。所有的文官都知道，做这种工作最容易获得皇帝的欢心，也容易升官。

哪知道陆游并不在乎能不能升官，只在乎老百姓能不能过上好日子。在帝制时代，老百姓要想过好日子，首先得遇上一个好皇帝，而要想遇上好皇帝，就得有人给皇帝提意见，避免皇帝变坏。陆游以前在枢密院做编修，没机会见皇帝，提不了多少意见，现在调到了太上皇圣政所，提意见就方便多了，于是他开始给宋孝宗猛提意见。

宋孝宗当太子的时候，很宠信自己的门客曾觌（dí），当了皇帝以后，经常让曾觌进宫陪他喝酒，而曾觌一喝酒就忘乎所以，君臣之间毫无顾忌。有一回，曾觌跟孝宗喝得高兴，瞧见旁边一个宫女长得漂亮，就对孝宗说："把她赐给我吧！"宋孝宗一点儿也不恼，笑嘻嘻地说："好啊，朕可以把她赐给你，不过空口无凭，曾爱卿得给她一个定情信物。"曾觌就在那个宫女的手帕上题词一首。

这个情景被丞相史浩瞧见了，史浩老奸巨猾，没有声张，回去却告诉了陆游。陆游是愣头青脾气，也不想想后果，竟要闯宫见驾，当面给皇帝提意见。到了宫门口，他被太监拦住了，陆游心想："我的官小，这时候见不了皇上，得找个大官帮忙。"于是他找参知政事张焘面君直谏。参知政事是副丞相，只比丞相差半级，自然有资格见皇帝。

副丞相张焘也是个愣头青，果真去找宋孝宗说这事儿，他劝孝宗注重自己的身份，不要跟臣子在后宫瞎闹，要不然臣子会无法无天。

位于浙江嘉兴杉青闸遗址的
宋孝宗率军出征浮雕塑像

陆游的英雄梦

宋孝宗涨红了脸，矢口否认："没有这回事儿，我只是让曾觌进来闲谈，根本没有请他喝酒，更没有让他给宫女题词！"张焘说："皇上别蒙我了，陆游刚才亲口告诉我的，他是忠君爱国的好官，肯定不会乱造谣。"

宋孝宗眼见瞒不住了，只好虚心纳谏，向张焘打包票："爱卿放心，朕决不会再让曾觌进宫，也决不会再跟近臣瞎胡闹了。"

纳谏归纳谏，事后宋孝宗总觉得自己的面子受到了伤害。既然张焘说是从陆游那里听说的，那么陆游就是"罪魁祸首"，所以宋孝宗把怒气撒到了陆游身上："陆游这人真不识相，朕本来想提拔他，他这个愣头青秀才既然敢伤朕的面子，朕就给他点儿颜色瞧瞧！"

宋朝皇帝有祖训，不能妄杀大臣，陆游虽然不算大臣，孝宗毕竟也不能因为这点儿小事就把他杀掉。于是干脆把陆游调出京城，把这个愣头青秀才远远地打发到镇江当通判去了。

多年以后，陆游回忆年轻时给两位皇帝提意见的经过，他感到后悔。不过，他不是后悔给皇帝提意见，更不是后悔因为提意见而搞得自己升不成官，而是后悔失去了施展抱负、强国富民的大好机会——假如他提意见的方式科学一些，既能让独裁者改正错误，又不会惹恼他们，他晚年应该能做到更高级别的官位。如果是那样，凭他的抱负，凭他的计谋，凭他的爱国热肠，依仗他的地位，一定能为国家做出更大的贡献。

什么是"秀才"

"秀才"这个词是汉朝时出现的，本义是指"能力出众、可以做官的人才"。汉朝地方官定期推举各类人才，包括秀才、孝廉（既孝顺又廉洁，品德高尚的人）、明经（通晓经书的人）、明法（通晓法令的人）、博士（博学通达的人）等。

到了唐朝，秀才成了进士的代称，一个人只有考中了进士，才有资格称为秀才。

到了宋朝，秀才的标准变宽了，只要参加过进士考试，不管有没有考中，都可以叫作秀才。陆游考中了举人，也参加过进士考试，所以也可称为秀才。

在明朝以后，秀才的标准降到最低。一般来说，只要通过了最低等级的科举考试（院试），即成为秀才。甚至无需参加科举考试，只要是读书人，也可泛称为秀才。

陆游的英雄梦

首次罢官

1164年，陆游任镇江通判，通判相当于现在的副市长。凭陆游的才能，完全可以当市长，宋孝宗为什么让他做副职呢？因为孝宗想压压他的"傲气"，让他学老实一些，别再提意见了。

但是陆游并没有变"老实"。他做的是闲官，主要职责就是审查红头文件，然后在上面签上自己的名字就行了。陆游不喜欢这个工作，他渴望的是上阵杀敌，打仗立功，哪怕不能上战场，也要做个参谋官，为将军们筹划妙计，起草奏章、文书，而不是躲在后方，做一个可有可无的副市长。

为了实现自己的抱负，陆游到处活动，托朝中大臣把自己调到前线去。

他的父亲陆宰年轻时跟大将张俊是好朋友，后来张俊陷害岳飞，陆宰就跟他绝交了。可是张俊很受宋高宗重用，只要能打通他的关节，准能如愿以偿。所以陆游前往杭州，到张俊家里拜访。进门一问，才知道张俊已经去世了。

陆游想：张俊不在了，他的后代仍然在朝为官，我不妨请他的儿子帮忙。他听说好朋友杨万里跟张俊的儿子张子厚有来往，就约杨万里一起去拜见张子厚。

杨万里说："张子厚神通广大，跟朝中大员个个交好，你找他是不是想升官啊？"陆游说："升不升官倒无所谓，我只是想把工作调到军队里去。"杨万里听了哈哈大笑，说："别人走后门都是为了升官发财，你陆务观可倒好，居然走后门去打仗。好吧，我陪你去张家走一趟，能不能成功我可不敢打保票。"

两人去拜见张子厚，张子厚很好客，没有一点儿架子，陪着他们游赏自家的大花园，并请陆游为花园里刚刚盛开的梅花题诗。陆游用不着打草稿，很快就提笔写了一首长诗：

> 出世仙姝下草堂，高标肯学汉宫妆。
>
> 数苞冷蕊愁浑破，一寸残枝梦亦香。
>
> 问讯不嫌泥溅屐，端相每到月侵廊。
>
> 高楼吹角成何事，只替诗人说断肠。

张子厚读了三遍，赞叹不已，扭头对杨万里说："我过去以为杨兄的诗已经是天下第一了，没想到强中更有强中手，务观兄的才华竟然还在你之上。"杨万里笑道："那当然，务观是本朝李白，连皇上都佩服他的诗呢。"张子厚叹息道："陆兄有如此之才，早该入阁拜学士，怎么还在下面做通判？朝中诸公真是有眼无珠啊！"

陆游谦虚了几句，趁机把想去军队工作的愿望告诉了张子厚。满心以为张子厚一定能帮这个忙，哪知道张子厚连连摇头："务观兄应该还不知道，现在朝廷一心求和，正在裁军，绝不可能让你这个主战派去谋划打金兵的。如果您想调回京城继续当文官，我能帮忙，这事儿却不行，朝廷不会允许。"

此路不通，陆游又去走张浚的路子。

张浚跟张俊可不是一个人。这个张浚不是武将，是文官出身，不过他文武双全，既管民政，又能带兵，指挥过好多大型战役。南宋初年，金国元帅粘罕率领大军入侵江南，被张浚打败了。绍兴元年，金国另一个元帅金兀术从陕西进攻四川，也被张浚打败了。绍兴四年，金兀术带着十万金兵卷土重来，已经攻占了扬州，宋高宗吓得落荒而逃，张浚不慌不忙，率领韩世忠、刘光世等大将渡过长江，直捣金兀术后路，又打得金兀术大败而归。

陆游一生当中最佩服两个人，一个武将，一个文臣，武将是岳飞，文臣就是张浚。他把张浚当成自己的人生楷模，他渴望自己有朝一日能像张浚那样指挥众将大败金军，他要见一见张浚，向他表明自己的理想。

这时候，张浚已经老了，新即位的宋孝宗让他做枢密使，统领南京、镇江、九江、池州、江阴五路军马，相当于国防部长兼大军区司令员。陆游担心张浚太忙，没工夫接见自己，就事先写了一封很长的书信，信中表明了自己的理想，以及对宋金战争的一些见解。

张浚读了陆游的信，拍案叫绝："小小通判竟有如此眼光，不可不见。"他去巡视江淮的时候，往来镇江，见到了陆游。

陆游激动极了，跟张浚分析时局，探讨军事，畅谈了一整天。一个枢密使，一个小通判，两人的很多想法都不谋而合：张浚主张迁都南京，陆游也主张迁都南京，杭州只是个逃命的好地方，决不是复国的好地方；张浚主张在四川练兵，找准时机从金国西路打开缺口，陆游也主张在四川练兵，先收复防守薄弱的陕西，再沿河东下，收复中原。

临别时，张浚对陆游说："我会向皇上请命，一定把你调到四川去，帮我的老部下吴璘练兵备战。"陆游大喜，送别了张浚，满怀希望等着朝廷的调令，哪知道他的希望再次破灭了。

张浚是主战派，当时丞相汤思退却是主和派，坚决不同意在四川练兵。宋孝宗则没有主心骨，有时候主战，有时候主和，摇摆不定。金国让孝宗割让唐州和邓州，不给就打，孝宗还在犹豫，张浚的部将已经冲杀出去，由于准备不充分，吃了一个败仗。汤思退趁机造谣，说张浚多年练兵毫无效果，白白浪费国家的钱财，应该治罪。宋孝宗竟然听信汤思退的话，把张浚给罢免了。

张浚一被罢免，往常受张浚重用的官员先后倒台。陆游也因此受到牵连，被人弹劾，认为他"交结台谏，鼓唱是非，为说张浚用兵"。意思是他四处活动，游说张浚出兵。就这样，主张作战的陆游在任隆兴通判时被免职了。

这就是陆游第一次被罢官的经过。

浙江绍兴沈园景区中的陆游塑像

九死一生过长江

张浚被罢免以后，朝里成了投降派的天下，丞相汤思退在金国使者跟前奴颜婢膝，有求必应。金国要求增加岁币，汤思退就增加岁币；金国要求割让唐州和邓州，汤思退就割让唐州和邓州；金国要求遣返投奔大宋的中原百姓，汤思退就乖乖地把已经在江南定居的北方人送回金国。

金国的胃口越来越大，宋孝宗撑不住了，他想起了主战派的好处，开始讨厌汤思退。这时候七十多个太学生联名上书，向宋孝宗列举了汤思退的十大罪状，斥责汤某丧权辱国，名为大宋丞相，实为金国走狗，比秦桧都坏，应该砍掉他的脑袋。

宋孝宗罢了汤思退的官，没有杀他。汤思退却担心皇帝要他的命，白天吃不下饭，晚上睡不着觉，精神恍恍惚惚，一听见脚步声就往床底下钻，最后自己把自己吓死了。

汤思退一死，主战派再次登场。这时候张浚已经去世，宋孝宗就让张浚的儿子张栻（shì）入朝为官。张栻记得父亲在四川练兵的遗愿，请求宋孝宗批准练兵，并推荐陆游去四川做官。宋孝宗答应了，重新起用陆游，让他去四川夔（kuí）州做通判。

夔州就是今天重庆下辖的奉节。陆游接到调令时是年底，第二年他从绍兴老家出发，携家带口去奉节赴任。这一年是乾道六年，也就是公元1170年，陆游四十五岁，已经生下五个儿子和三个女儿。

八个儿女，再加上陆游两口子，另外还有三个丫鬟和四个仆人，一家老小十七口，浩浩荡荡地前往四川。陆游为什么要把全家人都带上呢？因为他赴任的地方离家乡太远，按照当时的交通条件，来回跑一趟需要大半年时间，如果年年回家探亲，会耽误工作，干脆全家都带去，解除后顾之忧。

刚开始他们坐的是小船，从绍兴去杭州，再从杭州前往南京。一到南京，就可以沿着长江逆流而上了，于是在南京采石矶换乘大船。

这艘大船是帆船，船身有十丈来长，两丈来高，桅杆高达五丈六尺，斜挂着二十六幅风帆。船上乘客六十多人，除了陆游一家，还有几十个去湖北做生意的商人。

长江水向东流，这艘船往西去，这叫"溯江而上"。碰上刮东风的天气，船主人把风帆张开，在风力的推动下，船身自然会往西走。如果碰上东南风和东北风，船主人就调整风帆的角度，同时让七八个船工一起摇橹，他站在船尾控制航向，一样能让大船平稳西去。最怕的是遇上西风，这时候必须落帆靠岸，找一个无风的港湾停下来，抛下铁锚，等风住了再走。

陆游一家是农历五月上船的，东风居多，一帆风顺，走得很安稳。一到湖北，坏了，风没了，全靠船工摇橹，走得非常慢。经过黄州赤壁，江水变窄，水流很急，无论船工多么努力，都挡不住船往下溜。船主人赶紧指挥靠岸，还没到岸边呢，一艘从上游下来的小船嗖地一下到了近前，来势太急，避让不及，嘭的一声巨响，陆游和其他乘客在船舱里倒了一地，然后听见船工大喊救人，原来站在船尾掌舵的一个水手被震得飞了起来，扑通一声掉进了水里。陆游抓住一根缆绳，飞

陆游的英雄梦

奔到船尾去救他，已经来不及了，江水急速地打着漩涡，一眨眼就把那个水手拖到了江心，惨叫声还在水面上飘荡，人却被无声无息地卷没了。船主人把铁锚扔到岸边一个大石头上，呼喊乘客赶快上岸。陆游才发现船头破了个大洞，江水汩汩地往舱里灌。他赶紧把家人转移到岸上，这时候他四岁的小女儿才哭出声来。

众船工合力把受损的大船拉到滩上，陆游轻声地安慰儿女和妻子，再看那艘从上游下来的小船，消失得无影无踪。陆游问船主人那艘小船哪去了，船主人指着江心说："沉到底了。""船上的人呢？""我们没时间搭救，都死了。"陆游惊得说不出话来，这才体会到长江行船的巨大风险。

陆游和家人在岸上的客栈里住了两天，那艘大船才修好。船主人很迷信，特意买来十头猪，全部杀了祭奠江神，顺便也祭奠那个不幸落水的水手。祭奠完毕，继续下水前行。这回走得非常谨慎，摇橹的船工都上了岸，用拉纤的方式往前走，船主人则亲自站到船头击鼓，用隆隆的鼓声提醒顺流而下的船只注意避让，防止惨剧再次发生。

七月十五抵达湖北沙市，这天是鬼节，船主人不走了。陆游担心不能在朝廷规定的期限内赶到夔州，给了船主一些小费，让他开船。船主人恭恭敬敬地说："您是老爷，您的命令我不敢驳回。可是鬼节下水等于去鬼门关，没有不出事的。"陆游从不信神信鬼，坚持开船。结果什么事儿都没有，顺顺利利到了秭归。

过秭归的时候已经是八月，离中秋很近了，陆游再次遇险：船过新滩时触了礁，船底烂了个大洞。幸好当时无风无浪，陆游夫妇扶儿抱女游到了岸上。假如一个大浪打过来，恐怕全家人就毕命在长江里了。

经过这场死里逃生，陆游的妻子打起了退堂鼓，对丈夫说："咱们已经经历了两次危险，万一再有第三次怎么办？官可以不做，命不能不要，咱们别往前走了，走旱路回绍兴吧。"陆游看看儿女，心里一阵后悔，后悔带他们赴任，早知这么危险，何不独自一人去四川呢？但是现在事已至此，后悔也没办法了，他对妻子说："回绍兴也好，去夔州也罢，只有这条水路能走，陆地上千山万岭，咱是翻不过去的。孟子说过：天将降大任于斯人也，必先苦其心志，劳其筋骨。想成大事的人都得经受一番磨难。咱们一路上经受这么多风波，也许就是上天在考验我们的意志，如果连这条江水都能把咱吓住，还谈什么保家卫国呢？再说了，江上的危险再大，也比不了战场厮杀，想想那些卖命的将士，这点儿危险算得了什么！"

陆游的妻子知书达理，非常贤惠，听了丈夫的话，她不再犹豫了，跟着陆游继续西行。全家人在沙市换乘一艘更大的船，过归州、巴东、巫山、瞿塘，继续经历着惊涛骇浪和险滩激流，终于在十月二十七日抵达夔州。

险滩密布的长江三峡

陆游的英雄梦

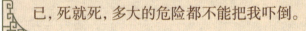

多知道点

暮次秭归

陆 游

朝披南陵云，夕楫建平树。

啼鸦随客樯，落日满孤戍。

恶滩不可说，石芒森如锯。

浪花一丈白，吹沫入窗户。

是身初非我，底处著忧怖？

酒酣一枕睡，过尽鲛鳄怒。

欣然推枕起，曳杖散予步。

殷勤沙际柳，记我维舟处。

这是陆游西行赴任途中写的一首长诗，描写了一路上经历的各种惊险事物，包括险滩、暗礁、大浪、鳄鱼等等，同时也表达了他面对险恶风波的平和心态：无非就是一具肉身而已，死就死，多大的危险都不能把我吓倒。

书生学射箭

南宋时期，四川属于军事要地，那里西邻吐蕃，北邻金国，西北不远就是西夏，南宋朝廷一直在那里派驻重兵把守。不过，陆游在四川过得很郁闷。

他在夔州当了整整两年通判，除了办公就是喝酒，没有机会参与战事，非常苦恼。眼看着三年任期将满，朝廷并没有新的调令，如果不提前打通出路，陆游即将面临失业。

一想到还得养活一家十几口人，陆游只好写信向新丞相虞允文求取职位。

这封信写得很凄惨，大意是说自己今年四十有八，大儿子和大女儿早过了结婚年龄，都没有谈婚论嫁。为什么没有谈婚论嫁？因为我这个当父亲的实在太穷了，办不起彩礼和嫁妆。希望虞丞相看在我仍能效力的份上，给我一个新工作。这个新工作最好能跟抗金有关，要是办不到也没关系，只要让我能领到俸禄，能凑够一家人回老家的路费就可以了。

大家千万不要笑话陆游，他也是凡人，也需要养家糊口，想要养家糊口就必须得有收入来源。在这个时候，他的抗金大志被迫退居第二位。

虞允文是个非常开明的丞相，他满足了陆游的请求，让陆游去四川宣抚使王炎那里当幕府官员，相当于参谋。

宣抚使是大官，负责军事，相当于军区司令。陆游接到了去军区当参谋的调任通知，兴奋得睡不着觉。他从老同事那里借了一笔路费，连夜出发，不久就赶到了当时四川宣抚使的驻地——陕西南郑（南宋时期，四川宣抚使的驻地经常变动，最初在成都，后来转移到南郑，再后来又转移到重庆）。

王炎接见了陆游，问他都做过什么工作，陆游一一讲了一遍。王炎皱了皱眉头，说："你一直做文职工作，在这儿恐怕帮不上忙，不过既然是虞相公介绍的人……嗯，你就留下来帮我处理书信吧。"

宋朝武将平时给朝廷写奏章，给同僚写书信，通常不会自己执笔，而让秘书代写，所以配有一群秘书。王炎让陆游替他处理书信，说明他把陆游当成了只能写字、不能打仗的书生。

陆游很早就苦读兵书，研究战阵，对宋金之间历次战争的成败得失都了如指掌，他也相信自己能在战场上立下大功。现在王炎认为他只能当秘书，这让陆游的自尊心受到了伤害，他呼地一下从座位上站起来，大声说道："王帅（宋朝人习惯于尊称宣抚使和安抚使等军事大员为某某帅）不要把人看扁了，我陆游虽是书生，照样能上阵打仗！"

王炎说："空口无凭，你说你能上阵打仗，那请你试射一下弓箭如何？"说完从墙上摘下一张弓和一壶箭，让陆游当场展示。

陆游接弓在手，把箭搭在弦上，左手握弓，右手控弦，使足了全身力气，才把那张弓拉开一半。他瞄准宣抚使衙门西墙根那块靶子，把箭射了出去……

啪——陆游非常自信地认为自己射中了靶子，可是靶子上没有箭。箭飞哪儿去了呢？四处一瞧，竟然在脚底下。原来陆游没学过射箭，他以为很简单，也不讲手法，也不管风向，噗地一箭射出去，箭羽歪歪斜斜，直接蹭到他握弓的手背上，打得手背火烧一般疼痛，然后飘落在地。

陆游年近五十，什么时候也没像今天这样丢人现眼。他涨红了脸，又取出一支箭，搭弓再射，啪——箭羽又蹭了手背，歪歪斜斜掉在了脚底下。

王炎捧腹大笑："好箭法，好箭法，我的兵射靶子，陆老弟却是专射自己的手背，哈哈哈哈！"

陆游羞愧地说："王帅不要见笑，我确实不会射箭。"

王炎拍拍他的肩膀，安慰道："不会不要紧，今后我找人教你，只要你愿意学。说实话，我很看好你这个书生，因为你能主动请缨作战，比杭州城里那些只会填词的酸秀才强一百倍！"

陆游从此发奋努力，苦学射箭。这一学才知道，原来射箭并不简单，可不是会拉弓会瞄准就行了，必须要苦练臂力和眼力，必须要让箭羽的主羽和弓弦保持在一个最佳的角度，最重要的是姿势标准，动作协调一致。练习到一定程度，还要学会控制呼吸的节奏，学会分辨风向和风力，学会针对不同的弓箭采用不同的射法。

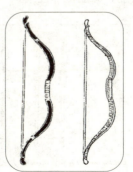

宋朝的弓，载于北宋军事宝典《武经总要》。

陆游的英雄梦

陆游一边帮王炎处理公务，一边向箭术出众的将士虚心请教。他发现自己臂力不行，拉不开强弓硬弩，就每天凌晨四五点钟起床舞石锁，练了六个月，臂力大进。他又发现自己左手一拉弦就发颤，夹不住箭尾，只能左射（左手握弓，右手拉弦），不能右射（右手握弓，左手拉弦），于是重点锻炼左手，直到它跟右手一样稳实为止。

石锁是古代健身器具，在宋朝军营里很常见。

陆游聪明，又有毅力，大半年下来，他的箭法突飞猛进。公元1172年，王炎在渭南平原大阅兵，让陆游给士兵讲话，士兵们想让文官出丑，非要请陆游骑马射箭。陆游在马上挂了两只弓和两壶箭，飞身上马，跑到校场尽头，又掉头疾驰，一边骑马一边射靶。射左边靶子的时候用左手握弓，射右边靶子的时候用右手握弓，箭无虚发，三军雷动。王炎赞叹道："陆公能左右射，吾不如也！"意为陆游既能左射，又能右射，我也比不上他。

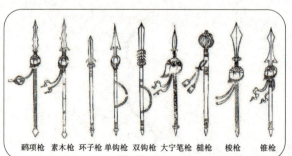

鸦项枪　素木枪　环子枪　单钩枪　双钩枪　大宁笔枪　槌枪　棱枪　锥枪

宋朝的枪，见于《武经总要》。

遣 兴

陆 游

壮年一箭落双雕，野饷如今撷药苗。

寒与梅花同不睡，闷寻鹦鹉说无憀。

这首诗是陆游晚年所写，诗中回忆了当年在四川给王炎当幕府官员时练成的高超箭术以及当时的意气风发，跟晚年隐居绍兴后的年迈体衰和苦闷无聊形成鲜明对比。

一箭射双雕，意思是一箭能同时射穿空中飞过的两头大雕。雕是一种猛禽，形态像鹰，但比老鹰大得多，翅膀展开有一两米长，能把小山羊叼到空中。

陆游的英雄梦

"放翁"的由来

陆游学习骑射,帮助王炎出谋划策,整军经武,那段岁月实在是他一生当中最精彩的篇章。可惜的是,他给四川宣抚使王炎当幕府官员的时间并不长,不到一年就结束了。

是王炎把他开除了吗?不是。是陆游主动提出了辞职吗?也不是。陆游之所以不能再给王炎出谋划策,是因为宋孝宗把王炎调回了京城。

王炎做宣抚使做得非常出色,他积极练兵,除了加强训练朝廷派遣的正规军,还从西夏、吐蕃和金国收编了两万精兵强将,又筑造堡垒,培养间谍,刺探金国虚实,不让敌人一兵一卒侵入,把西部边境经营得固若金汤。他之所以会被突然调回京城,一是因为触犯了宋孝宗的忌讳,二是因为他跟当朝丞相虞允文合不来。

宋太祖赵匡胤是武将出身,靠篡权夺位才当上了皇帝,所以宋朝

大散关遗址,位于陕西宝鸡秦岭南麓,南宋时这里是宋金两国的西部边界。

每一个皇帝都害怕武将篡权，只要某个将军的功劳一大、威信一高，皇帝就会提防他，甚至害死他。宋孝宗听说王炎在西部很受军民爱戴，就唯恐王炎造反，一心要把王炎调走。而且此时的孝宗皇帝，抗战热忱已经逐渐消失，王炎在四川的积极练兵并不合他的心意，因此王炎的调离便是必然了。

虞允文呢，跟陆游一样文武双全、忠心报国，可是金无足赤，人无完人，他的缺点是心胸狭窄，听不进不同意见。虞允文认为川陕多山，交通不便，从那里出兵不如从山东出兵。王炎几次向朝廷上表，驳斥虞允文的出兵方针，惹得虞允文很不快。刚好宋孝宗有意调离王炎，他就对孝宗说："王炎年迈昏庸，经常跟四川名将吴璘的子孙闹别扭，将帅不和，容易出事儿。"这些话正中宋孝宗下怀，所以王炎很快被明升暗降，调回京城当闲官去了。

王炎走了，谁来接替他呢? 虞允文。宋孝宗派虞允文接替王炎，虞允文一到任，先把王炎的亲信换掉，陆游也被调离了南郑。

陆游离开南郑，朝廷又派他去做通判，这回把他安排到蜀州，也就是现在的四川崇州。在蜀州做通判期间，中间又被派到嘉州（今四川乐山）和荣州（今四川荣县）当摄理知州，相当于代理市长。

当通判也好，当摄理知州也好，公事其实很少。陆游盼望从军盼了半辈子，结果只当了大半年参谋。他最希望杀敌报国，可朝廷偏偏让他做一个无足轻重的文官。他给朝中大臣写信，没人理。他请求新任宣抚使虞允文再让他去军营里效力，虞允文不给他答复。他绝望了，消沉了，开始混日子。

陆游在四川做通判的那段日子，史书上只记载了一件事，说蜀州

59

陆游的英雄梦

的契税收得太重，老百姓买房买地，交不起税，陆游向朝廷请示减免税收，得到了朝廷的准许。这大概就是他这个七品通判为当地人民做的唯一一件实事了。

当官不做事，他做什么呢？种花，喝酒，带着下属去青楼里赌博。他有一首诗描写这段颓废生活：

倡楼呼卢掷百万，旗亭买酒价十千。

公卿姓氏不曾问，安知孰秉中书权。

一有空就去青楼吃花酒，掷骰子赌钱，醉生梦死，国家大事不管不问。朝中换了丞相，换了枢密使，他一概不关心。管那些事儿干嘛？反正不管是谁掌权，我都没机会施展抱负，只能在这儿混吃等死。

公元1175年，他五十岁，调任成都安抚司参议官兼四川制置使司参议官。好朋友范成大正好来四川当制置使，相当于省委书记，成了陆游的顶头上司。范成大是优秀的田园诗人，我们从课本里学过他的诗：

范成大画像

昼出耘田夜绩麻，村庄儿女各当家。

童孙未解供耕织，也傍桑阴学种瓜。

这位优秀的诗人并不是优秀的领导，他和陆游一起喝酒赏花，写诗填词，把国家大事扔到一边。他还帮陆游在成都盖了房子，有意让陆游一家在四川长期定居下去。

老朋友当自己的领导，一切好商量，不用担心迟到受罚，日子更好打发了。他新盖的房子位于成都南郊，官衙在成都北城，要想不迟到，每天早上五点钟就得出发。可是陆游不怕，他睡到日上三竿才慢吞吞地起床，再慢吞吞地穿衣服、上厕所、洗脸、漱口、吃早饭。吃早饭的时候他还要喝两杯，喝得醉醺醺的，然后骑上他的马，晃晃悠悠往衙门赶。他在马上醉眼朦胧，看不清路，有时候能走到衙门，有时候却会晕晕乎乎地走到花市里去。到了花市，他照例会下马赏花，再挑上几盆，等太阳都偏西了，才一拍脑袋："哎哟，今天忘记去官衙啦！算了，明天跟石湖（范成大号石湖居士）说说，让他把我的名字从迟到名单里划掉。"

位于四川成都陆游诗歌园中的陆游塑像

陆游的英雄梦

　　那时候陆游在四川官场的名声很不好，同僚们不敢说范成大的坏话，却敢说他的坏话，当面嘲笑他不务正业，吊儿郎当，有损朝廷形象。宋朝人管吊儿郎当叫"颓放"，所以陆游就多了一个绰号：陆颓放。

　　陆游这时候已经有些自暴自弃、玩世不恭了，别人嘲笑他颓放，他毫不介意，还用颓放的"放"字给自己取了个号：放翁。这就是"陆放翁"的由来。

南宋朝廷真是腐败透顶。

陆游五十岁以前忠心报国，总是升不了官，还受到过处分；五十岁以后他绝望了，当官不做事，整天混日子，吊儿郎当，自号"放翁"，朝廷却升了他的官，把他调到福建，"提举常平茶盐公事"，负责一个省的茶叶专卖和食盐专卖，兼管粮食收购和物资调剂，从副市长变成了副省长。

南宋朝廷为什么会这样糊涂？因为皇帝昏庸，偏听偏信，大臣自私，排除异己。陆游忠心报国的时候，免不了要给皇帝提意见，给大臣提意见，惹得皇帝不满，大臣也不满。后来他不提意见了，不呼吁收复中原了，也不做实事了，自然就不再触犯任何一派当权者的利益，所以当权者开始喜欢他。

陆游到福建半年后，又调任去江西"提举常平茶盐公事"，和在福建时工作内容差不多。陆游在任期间，当地发生水灾，村庄被淹没，老百姓颗粒无收，饿得前胸贴后背，涌到城里沿街乞讨，陆游赶紧下乡去赈灾。

一到乡下，陆游惊呆了。洪水还没有完全退去，高处堆积着稀烂的红泥，低洼地带残留着齐腰深的黑水，水上漂浮着淹死的鸡鸭牛羊和人的尸体。大部分房屋都倒塌了，没有倒塌的部分也在水里泡着，

63

泥墙摇摇欲坠，墙壁上长满绿苔。侥幸逃生的灾民在屋顶上安了家，在树上安了家，破衣烂衫，遮不住身体，寒风一吹，冻得浑身打摆子。

大人们两眼发直，露出绝望的眼神，小孩子又冻又饿，在父母怀里哇哇哭喊。几乎所有人都没有吃的，身强力壮的灾民进城乞讨去了，留下来的全是老弱病残。为了保住性命，他们捋树叶吃，剥树皮吃，用长长的竹竿从污臭的水面上捞起动物的尸体，急急忙忙拔毛开膛，在火上烤熟，刚烤到半熟，就被一群饿极了的灾民抢着吃光。有的人抵抗力差，吃下去闹肚子，得不到医治，很快就死掉了。尸体来不及掩埋，发出阵阵恶臭，瘟疫开始传播……

陆游看到这样凄惨的景象，狠狠打了自己一个耳光。随从以为他脸上有蚊子，跑过来帮他驱赶，陆游摆摆手说："不是蚊子，是我心里羞愧。我身为父母官，不办实事，不问民情，不管老百姓死活，真是混蛋透顶啊！"随从劝道："老爷不要埋怨自己，这是天灾，跟您老人家没关系。"陆游说："不，天灾出于人祸，要是我这个官当得够格，老百姓就不至于受这么大的罪。我得想法子救济这些灾民。"

陆游说到做到。他来不及向朝廷请示，也来不及跟同僚商量，就把历年来通过茶叶专卖和食盐专卖积攒的财政收入全部提了出来，先拿出一半收购粮食，收购衣服，紧急派人分给灾民。同时在城里和城外的交通要道上搭建茅棚，让进城乞讨的灾民能有个地方住下，不至于冻死。

灾情得到了缓解，老百姓的命暂时保住了，陆游却不再发粮食发衣服了。灾民不理解，向陆游求情，让他加大救灾力度，陆游却不理他们。这些灾民就以为陆游是个贪官，要私吞救灾粮，堵住陆游的衙门口高声叫骂，陆游还是不理他们。下属替陆游叫屈："您老人家冒着被朝廷撤职的风险，把茶盐专卖款都拿出来买粮食救济他们，他们还骂您，那些不管不问的官却没人挨骂，这世上还有天理吗？"陆游笑了笑，说："我倒不怕挨骂，反正我这辈子做好事挨骂也不是头一回，早习惯了。我现在怕的是救灾物资会被浪费，前天不是有个退休官员让家里人冒充灾民，领走了二百斤大米吗？我这几天一直在想办法，好确保救灾物资不被贪官截留，不被富人冒领。"

陆游确实想出了办法，他的办法看上去非常奇怪。

第一，他停发粮食，只发衣服。他发的衣服全是从民间低价收购的二手货，穿着像乞丐，但是都能穿，除了样子不好看，没有别的缺点，既结实，又暖和。

第二，不管是谁，只要想领到救灾粮，就得到工地上干活儿。陆游同时上马了几十个工程，有些工程专管疏通沟渠，让排水更顺畅；有些工程专管掩埋尸体，把传染源消除掉；有些工程专管建造简易房，不要求坚固耐用，能让灾民度过这一场寒冬就行了；有些工程专管兴建仓库，每个乡至少建一个，用来储存救济粮。

比如说，张三是灾民，家里有五口人，都在挨饿受冻。受冻不要紧，陆游马上就会发来一批旧衣服。但是不会发粮食，张三想让家人糊口，必须就近参加陆游的工程，掩埋一具尸体能领一升大米，疏通一段沟渠能领一斗大米，如果去兴建仓库和简易房的工地上抬一天木料，能领到五六斤红薯，足够让全家解决肚皮问题。

灾民们行动起来了，只要能拿得动一块砖头的人，都出力劳动。很快地，每一户灾民都有饭吃有衣穿，度过了难关。这时候大家才知

65

道陆游并不是贪官，而是一个实实在在为老百姓办事的好官。

灾情解除了，下属们都为陆游庆功，并请教他为什么要那样做。

陆游说："我之所以只给灾民发放旧衣服，是为了防止贪污冒领。官员和有钱人决不会去领旧衣服的，穿了嫌丢人，卖了没人买，不能给他们带来好处，所以不会有人贪污冒领。"

"那又为什么让灾民干活儿呢？"

"救灾如救火，刚开始必须发粮食，不管里面有多少人是在贪污和冒领，都得紧急往下发，不然老百姓都饿死了。发几天就得停下来，不然滥竽充数的人会越来越多，这点物资都得被他们瓜分掉，真正的灾民啥也领不到。为了杜绝滥竽充数，我就让灾民靠劳动换粮食，只有饿肚子的穷汉愿意抬尸体、清淤泥，贪官和富翁才不会为了领几斤干粮去干那些活儿呢！这样一来，就把冒领粮食的家伙堵在门外了，救灾物资也就真正用在灾民身上了。"

陆游的救灾办法在历史上有个名堂，叫作"以工代赈"。以工代赈有两项好处：第一，能确保救济物资发到真正有需要的人手里；第二，既救济了灾民，又兴建了工程，靠着灾民的力量把水利搞好了，把仓库建起来了，将来如果再来一场洪水，应付起来会容易得多。

支持百姓告官

江西救灾让陆游明白了一个道理：为民造福的道路不止一条，在战场上打击侵略者是为民造福，在地方上做一个好官也是为民造福。

还是在江西任上，陆游听说了一起冤案。

江西有个高安县（现在已经是高安市了），县衙里有个押司，名叫陈谅。

"押司"属于基层官员，在县衙和州衙里上班，负责文书方面的工作。比方说当地政府收公粮，留下一大堆账目，得有人把账目厘清了，汇总成一份完整的文件，上报给上级衙门，这个工作就得由押司来完成。再比方说当地发生一起凶杀案，县官派捕快去抓人，派法官去审案（有时候是县官亲自审），审完了，整个案子也要上报，这时候也需要押司整理出案卷来。总而言之，押司的工作就像秘书，可是他的实际权力却比秘书大得多，特别是当县官昏庸的时候，一个小小的押司顶得上一个法院院长兼财政局局长。像《水浒传》里的宋江就是押司出身，他做押司的时候，在郓城县真是呼风唤雨，手眼通天，从衙门里的捕快到街上摆摊卖早点的老头，人人都敬他三分。

今天我们说的这个押司陈谅，跟宋江的名气当然没法比，不过他欺压老百姓的本事可不小。

高安县出产茶叶。当地茶农采下茶芽，淘洗干净，放锅里蒸一遍，杀青，焙干，碾成茶粉，用甘草膏团成一个一个的小圆球，放到模具里压成造型各异的茶饼，包装起来上市销售，名气很大，畅销全国。那时候南宋皇帝只喝两个地方的茶叶，一个是福建的建安茶，另一个就是江西的高安茶。所以每年高安县都要采购一批茶饼，由陆游这样的副省长进贡给皇帝。

政府从茶农那里买茶，必须按照市场价格给予茶农合适的报酬，可是这个陈谅陈押司从中捣鬼。假如一斤茶饼值铜钱一万文，他只付给茶农两千文的报酬，余出来的八千文被他截留，一半装进自己腰包，一半用来行贿。

陈押司不仅压价收购、中饱私囊，他还伪造朝廷的旨意。假如朝廷分给高安县的贡茶指标是每年五百斤，他非要说朝廷要的是五千斤，然后按照五千斤的指标和两千文的低价从茶农手里强行征收。等征收完了，他只把其中五百斤进贡上去，剩下那四千五百斤去哪了？他会按照每斤一万文的市场价转手卖掉。他这样赚了大钱，一半装进自己腰包，另一半照旧用来行贿。

高安茶园

茶农们辛辛苦苦地种茶、采茶、蒸青、烘焙、碾磨、压制……从年头忙到年尾，只为了卖几个钱换米糊口，碰上年成不好，茶叶歉收，还有可能欠债。现在倒好，他们发现种茶只是给陈押司种的，陈押司发了大财，他们茶农却要倾家荡产。

茶农不干，把茶园毁掉，不再种茶，改种庄稼。不行，陈押司发话了："统购茶叶是朝廷的政策，你们要是不种，谁来完成指标？你们想造反吗？想满门抄斩吗？"老百姓谁不怕杀头啊，只得接着种茶。

这时候站出来一个胆大如斗的茶农，他也姓陈，名叫陈彦通。陈彦通冒着风险替全县茶农请命，向县官揭发了陈谅的罪状。县官火冒三丈，下令逮人。逮谁？是逮陈谅吗？不，他让衙役抓住原告陈彦通，骂了几句"刁民"，把陈彦通掀翻在地，扒开上衣，往脊背上狠狠打了十三大板，差点儿把陈彦通的脊椎打断。

这个混蛋县官为什么要打陈彦通？因为他跟被告陈谅是拴在一根绳子上的蚂蚱，陈谅历年来榨取茶农的血汗都会跟他分享，假如陈谅被告倒了，他这个县官也当到头了。

陈彦通大喊冤枉，县官说："根据大宋律条，百姓告官，妄诉反坐！"什么是妄诉反坐？就是你老百姓要想揭发官员的罪名，必须拿出充足的证据，只要有一条证据立不住脚，那你就等着坐牢吧。

陈彦通没有被吓倒，他知道他们是官官相护，在县衙告状是不行了，干脆去省里。他养好了伤，先告到转运使衙门（近似省政府），没人立案；又告到提刑衙门（近似省级法院），被人轰了出去；最后他告到了陆游所在的提举常平茶盐公事衙门。陆游读了他的状纸，义愤填膺："一个小小的押司，连九品官都够不上的小官员，竟然能把整个高安县折腾得民不聊生，老百姓告状竟然被打，告了那么多衙门竟然没人受理，我们大宋官场已经腐败到了什么地步？"

陆游主要管茶盐专卖，其实并没有问案的资格，但是有问案资格的官员都装聋作哑，他再不仗义执言，老百姓就一点天日也见不到了。他骑上快马，赶到提刑衙门，把陈彦通的状纸拍给提刑官，质问道："像这么大的冤案，老兄为何不管不问？"提刑接了状纸，从头到尾看了一遍，对陆游说："高安县官的做法确实有待商榷，但是像陈彦通这种刁民到处告状，我们也应该小小地惩治一下，不然每个老百姓都学他，天下岂不乱套！"陆游气愤地说："百姓告官，正说明政治清明，有冤能伸。等到了百姓有冤不告，只有靠揭竿而起才能为自己伸冤的那一天，天下才真的乱套了！"提刑说不过他，只好派一个下属去高安县查办此案。

这件冤案明明白白，非常好审，审案的结果是：陈谅坐牢，县官被免职。跟陈谅和县官的罪恶相比，这个判决实在太轻，可是高安县的茶农已经非常满意了。

更让茶农们满意的是，陆游向他们申明了朝廷征购茶叶的指标和政策，如果继任县官敢不照价收购，可以直接告到提举常平茶盐公事衙门，陆游会给他们做主。高安茶农欢天喜地，纷纷称赞陆游是爱民如子的好官。

　　故事讲到这里，南宋官场的怪现象又出现了：碌碌无为的庸官会被提拔，诚心诚意做实事的好官却会丢掉乌纱帽。

　　陆游在江西救济灾民，又为民伸冤，两件实事做完了，他的乌纱帽也丢了。因为他是清官，清官势必得罪贪官，贪官为了保住自己的利益，势必要让他下台。

　　想让陆游下台很容易，向朝廷挑他的错就行了。陆游有错吗？还真有。第一，他在四川做官的时候，曾经心灰意冷，借酒消愁，吊儿郎当过了好几年，影响了朝廷的声誉（如果朝廷还有声誉的话）；第二，他在江西赈灾，不向朝廷请示就擅自动用专卖款，属于越权；第三，他在江西身为"提举常平茶盐公事"，竟然过问提刑衙门的案件，也属于越权。

　　所以当陆游五十五岁那年，就有御史告了他一状，说他"不自检饬，所为多越规矩"，意思就是言行不检点，做的事不合官场规矩。这一状告上去，陆游又一次被免了官。

　　这时候陆游的心态已经平和多了，他见惯了官场黑暗，也懂得了不管在哪里都能为民造福的道理，所以他不急也不恼，收拾收拾书籍，整理整理行李，带着家属回绍兴老家去了。

　　绍兴地处江南水乡，村村有河水，家家有溪流，给农耕生活带来很多便利。

绍兴农民灌溉庄稼会用到水车，这是一种好像大轮子一样的机械，安放在水里，当中有转轴，人一踩，轮子会转，然后轮子表面的凸起会把水带起来，哗哗不停地甩到岸上的水槽里，再流进庄稼地。

绍兴农民给稻谷去壳会用到水碓（duì）。水碓不需要人力，全靠流水驱动。水冲到水碓后面的大轮子上，轮子轰隆轰隆转动，每转半圈，轮子表面的凸起都会碰到水碓前面的杠杆，把杠杆抬起来，再落下来。杠杆那头连着一个石槌，杠杆一起一落，石槌也跟着一起一落，咚，咚，咚，咚，不停地砸到下面的稻谷上，把谷壳砸掉，再用风车一吹，白白净净的大米就出来了。

除了水车和水碓，那时候还有水磨。水磨的作用就更大了，能磨面，能磨米粉，还能磨茶。宋朝人喝茶，不喝茶叶，只喝茶粉，把茶叶放到茶磨的磨盘里，流水推着磨盘飞速旋转，一片一片的茶叶就会变成细细的茶粉，用开水一冲，可以直接喝。

陆游在绍兴生活过很多年，他虽然不是农民，但他知道农民怎样过日子，知道水车、水碓和水磨都是老百姓不可缺少的好帮手。

这年秋天，绍兴大丰收，农民收割了稻子，像一座座小山一样堆在光滑如镜的打谷场上。经过几天翻晒，稻子变得干燥，可以打稻了。

所谓打稻，就是把稻谷从稻秸上打下来。怎么打呢？用连枷。连枷也是古代中国人发明的一种工具，结构非常简单：一根长长的木柄，一头钻孔，孔里安一短柄，短柄上拴着一排短木。用力挥动木柄，会产生离心力，短木在离心力的作用下转动，会产生更大的离心力，啪，啪，啪，啪，那排短木有力地击打稻秸，稻谷受到震动，哗哗地掉下来。

打枷图，载于《天工开物》，图上两个农夫正在用连枷打稻。

用连枷打稻当然比空手强得多，可是工作效率仍然不高，一个壮劳力打一天稻，手肘累到抽筋，最多只能打半亩的稻子。陆游对门的邻居是个老农，比陆游的年纪还大，六十多岁的人了，打稻的时候也要上场，白天打，晚上也打。因为天气说变就变，不赶紧打下稻谷运到粮仓里，一下雨就麻烦了，稻谷会在打谷场上发霉，发芽，一季的劳动全白废了。

陆游写诗描写农民打稻的辛苦：

东家饭牛月未落，西家打稻鸡初鸣。

老翁高枕葛帏里，炊饭熟时犹鼾声。

"老翁"指他自己，他做官多年，手头有积蓄，家里有仆人，用不着亲自劳动，农忙时节也可以睡大觉。可是农民不能睡大觉啊，东边的邻居天不亮就起来喂牛，西边的邻居鸡刚叫就起来打稻，都非常辛苦。

陆游感到惭愧，他想为乡亲们做点事：发明一款可以自动打稻的

陆游的英雄梦

机器。

　　这款机器说起来并不复杂。陆游找来木匠，造了一个大轮子，一个小轮子，两个轮子互相垂直，用一根木制转轴和两只木制齿轮连在一起，大轮子上加装拨片，小轮子上垂直安装两根比较短的连枷。

　　陆游把装有拨片的大轮子平放到小溪里，把装有连枷的小轮子竖放到岸上，再安上转轴和齿轮。溪水推动了大轮子，大轮子通过转轴和齿轮带动了小轮子，小轮子转得很快，小轮子上的连枷转得更快，连枷顶端的短木像雨点一般击打在地面上，打得地面直冒白烟。

　　陆游大喜："我的发明成功了！"在打谷场上打稻的农民纷纷过来围观，有人不相信这能打稻，往连枷下面放了一捆稻秸，很快稻谷全部脱落下来，打得干干净净。大家问陆游这个"怪物"叫什么，陆游说："它是水力驱动的连枷，就叫它水连枷吧。"

　　所有人都兴奋了。东边的邻居问："陆老伯，您的水连枷能不能借我用两天？"西边的邻居说："陆先生，您快教教我们怎样做成这样的物件吧，我们一家八口人打稻都没有它快！"

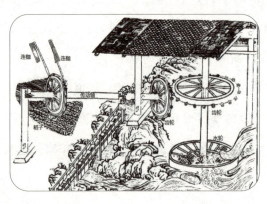

陆游发明的水连枷（示意图）

陆游一一答应。他自己掏腰包，请木匠按照他设计出来的原型做了一大批水连枷，免费支援给周边打稻的农民。从此以后，只要不碰上溪水干涸的大旱天气，当地所有稻农都能用水连枷又快又好地打稻了。

那年暮秋，陆游高兴地写下另一首诗：

舍前舍后养鱼塘，溪北溪南打稻场。

喜事一双黄蛱蝶，随人往来弄秋光。

家家户户都把他发明的水连枷安放到溪水边，轻轻松松地打稻，再也不用熬夜，大家自由自在劳动，像空中飞舞的蝴蝶一样幸福。

一本书的历险

毕竟西湖六月中，风光不与四时同。

接天莲叶无穷碧，映日荷花别样红。

这首诗想必大家都学过，诗的题目为《晓出净慈寺送林子方》。它是哪位诗人写的？杨万里。杨万里是谁？南宋有名的大诗人，跟陆游是好朋友。

陆游六十三岁那年，正在严州做官，杨万里专程去看望他。陆游很高兴，吩咐手下人："弄几个菜，我要跟老朋友一醉方休！"杨万里说："我不饿，咱哥俩也不是外人，甭弄菜了。古人说，汉书可以下酒，咱们今天干脆用你书房里的书下酒，不比用菜下酒风雅得多吗？"陆游立马赞同，把杨万里领到了他的书房里，并让仆人送酒过来。

那间书房不大，是用官衙里的单人宿舍改建的，只有一间，进门就能看见两排书架，贴着北墙和东墙放着，书架上整整齐齐放着各式各样的书。书架下面是一张床，床前靠窗位置放着一张小小的书桌。看得出来，这间书房是陆游公务之余读书休息的地方。

杨万里一手拿起酒杯，一手翻检书架上的书籍，一边喝酒，一边慢慢浏览。才喝了五六杯酒，两排书架就浏览完了，杨万里扭过头来对陆游说："务观兄，你的书房让我失望啊。"陆游笑道："是不是因为没有找到你心爱的珍版书啊？"杨万里一拍大腿："对！你这里放着两三百本书，版本全都普普通通，既没有唐朝的佛经本子，也没有本朝的大臣手迹，这跟你陆大诗人的身份可是有点儿不匹配啊。"

陆游听了老朋友的嘲笑，一点儿也不生气。他又给杨万里斟上一杯酒，然后说："老兄弄错了，我是个读书人，不是个藏书家。藏书家的书是拿来收藏的，书架上自然会有珍版和孤版。我的书是用来读的，只要关心书里的内容就行了，为什么要关心书的版本呢？"

杨万里摇摇头，指着书架上的那些书说："别想蒙我，你一定藏着好版本，就是怕我顺手牵羊、横刀夺爱，不敢拿出来。你要说你不藏书，为什么书架上的每本书都整理得干干净净，装裱得整整齐齐？这是只有藏书家才肯干的事儿嘛！"

陆游见他不信，就笑了，放下酒杯，顺手从书架角落里抽出一本《孔子家语》，递给杨万里："杨兄给鉴定一下，这本书是哪朝哪代的版本？"

杨万里小心翼翼接过来翻开，纸色发黄，翻着发脆，某些页面分明有虫蛀的痕迹，可是没有一张缺页，没有一处脱漏，页边裁得横平竖直，封皮包得严严实实，封皮上"孔子家语"那四个字分明又是陆游的手迹……这是什么版本呢？杨万里鉴定了半天，愣没鉴定出来。

陆游说："其实这本书也不是什么珍版书，但是它确实有些历史，至少从年龄上说，我们两个都得管它叫爷爷。"原来这是陆游的祖父陆佃年轻时读过的一本书。

陆佃是王安石的学生，在王安石指导下研究过孔子。研究孔子自然离不开《孔子家语》，因为这是一本专门记录孔子师徒事迹言行的小册子，比《论语》上的内容要详细得多，也生动得多。陆佃读这本书读了一年，书里的内容早就能倒背如流了，完全用不着再看，可是他没有把书扔掉，而是留给了陆游的父亲陆宰。

陆宰读《孔子家语》，也读了很多遍，也到了倒背如流的地步，他认为没必要再保留了，把书扔到了储藏间。我们知道，陆宰是藏书家，致力于收藏稀缺版本，而《孔子家语》在当时是很常见的读物，没必要收藏。

很多年后，陆游出生，金兵侵入中原，陆家南迁绍兴，陆宰的藏书满满当当装了一大车，其中并没有这本《孔子家语》。倒是他们家的仆人收拾行李时，不小心把它打进了行李包，于是这本书就被带到江南了。

陆游小时候爱看书，父亲的藏书看腻了，在家翻箱倒柜找新鲜书看，结果找到了它，一读就觉得有意思，一口气读完，又读了一遍，读完又给扔掉了。陆游有个伯父，看见陆游扔书，就问他为什么扔。陆游说："我都看完了，不需要再看啦。"伯父说："书不光是拿来看的，还是拿来修心的，你应该把它捡起来，因为它能帮你修心。"陆游很奇怪："书怎么能帮人修心呢？"伯父就教他装裱书籍，两人合力把那本《孔子家语》重新装订了一遍。然后伯父问道："好玩吗？"陆游说："好玩。""除了好玩呢？""嗯，还觉得特别充实，特别有成就感，那么破烂的一本书，我们让它焕然一新啦！"伯父点点头，说："这就是书能修心的证明啊。一本书读完一遍，还能读第二遍，书读百遍，其义自见，千万不要因为读熟了就认为可以不读了。就算你不用再读，还能让别人读，假如扔掉，岂不可惜吗？就算别人不读，你也应该爱护它，尊敬它。把书摆放得有条理，你工作起来也会有条理。把书保护得完美无缺，你的人格也会完美无缺。你要是不信，以后可以试试，看伯父说得有没有道理。"

打这以后，陆游按照伯父的话去爱书，去保护书，果然发现整理书籍的过程也是修整身心的过程：学习完毕，抻平书页，恭恭敬敬合起来，工工整整放到该放的地方，那也是一种休息。工作完毕，回去检阅检阅自己的书架，扫扫尘土，分分门类，在印错的地方贴上黄纸，仔仔细细更正过来，把散乱的书页重新抚平，用尖锐的铁锥和结实的丝线重新装订，等装订好了，一天的忙累烟消云散。

讲完了那本《孔子家语》的历险往事，陆游说："不光这本书，这书架上每一本书都有故事，都渗透了我的心血。我也感谢这些书，正是它们让我变得有耐心、有条理，还变得开心和充实。"

杨万里很受启发，他站起来，举起酒杯向陆游敬酒："务观兄，听君一席话，胜读十年书。令尊是藏书家，你却是爱书家，佩服佩服！"

中华书局出版的《孔子家语》

陆游的英雄梦

读　书

陆　游

平生爱客如爱书，力虽不逮意有余。

门前车马久扫迹，老病又与黄卷疏。

人情冷暖可无问，手不触书吾自恨。

今年入秋风雨频，灯火得凉初可近。

年过七十眼尚明，天公成就老书生。

旧业虽衰犹不坠，夜窗父子读书声。

这是陆游七十多岁时写的一首诗，诗中表现了陆游对书籍的热爱，以及对晚年读书生活的满足。最让他感到满足的是父子两人同窗夜读：小儿子陆子聿跟陆游一样热爱书籍，热爱阅读，父子二人常常读书到深夜。

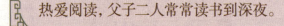

教儿子做作业

陆游活了八十五岁，生了六个儿子。他的大儿子名叫陆子虡（jù），二儿子名叫陆子龙，三儿子名叫陆子惔（tán），四儿子名叫陆子坦，五儿子名叫陆子布，六儿子名叫陆子聿。

陆游非常重视子女的教育，他说过："人莫不爱其子孙，爱而不知教之，犹弗爱也。"意思是，每个人都疼爱自己的孩子，如果光知道疼爱，不知道教育，那不是疼孩子，是害孩子。

父母教育孩子，最重要的是以身作则，想让孩子热爱学习，首先自己要热爱学习。这一点陆游绝对能做到，他从五岁认字到八十五岁去世，其间没有一天离开过书本，没有一天离开过纸笔，真正做到了活到老学到老。他有一句自拟的座右铭："人情冷暖可无问，手不触书吾自恨。"意即可以不关心人情冷暖，如果不摸书、不读书可不行，我自己都不会原谅自己。

父亲爱读书，儿子们耳濡目染，也跟着养成爱读书的好习惯。在陆游的熏陶下，儿子们也是手不释卷，有空就读书，从来不用大人督促。

光读是远远不够的，还要写。写什么呢？写作业。不写作业就不能加强记忆，不写作业就不能发现问题，所以必须要写。陆游按照六个儿子的学习进度和性格特长，分别给他们布置不同的作业，碰到自

陆游的英雄梦

己不擅长的领域，他会请专业的老师帮忙布置。作业的量不多，难度也不算大，不过必须完成。

在陆游的六个儿子当中，陆子聿最小，他出生的时候，陆游已经五十多岁了。按照古代的平均寿命，五十多岁就算是老年人，老来得子，肯定疼爱有加，因此陆子聿最受陆游的疼爱。疼爱归疼爱，陆游对他的要求依然严格。

小孩贪玩，陆子聿为了能尽快出去玩耍，作业写得飞快，唰唰几下写完，把作业一扔，抬头喊道："父亲，我玩去了！"就跑出了家门。

陆游拿起作业一瞧，字迹潦草，错误百出，心里很生气。其实，陆游并不反对小孩玩耍，他知道爱玩是人的天性，但是他坚持一个原则：玩要开开心心地玩，写要专心致志地写。

陆游把陆子聿叫回来，让他自己批改自己的作业，然后问他："你写错了几处？"陆子聿红着脸说："七处。""为什么错这么多呢？""我没学会。""不是没学会，是不专心。以后我再留作业，每次不会超过十行，决不耽误你玩，不过你一定要好好地写。"

陆子聿答应了，坚持了三天，又开始敷衍了事。陆游严厉地批评他："六郎啊六郎，你太让为父失望了，你现在是把作业当成了负担，为了完成作业而写作业。作业可不是负担，你认真对待它，它就能帮你提高，像你这样敷衍，写作业还有什么意义？"陆子聿明白了，写作业再也不敷衍了事了。

陆游六十岁那年，大儿子陆子虞要去当县令，陆游把他送到船上，特意嘱咐了一句："到任上别忘了你的作业。"陆子虞很诧异："我都三十好几的人了，怎么还写作业？"陆游说："大郎你错了，你以为写作业只是学生的事情吗？你以为写作业只是为了在考场上考出好成绩吗？它还是我们修身养性的好帮手啊！"

听到这里，陆子虞更加诧异了。陆游见他不懂，从袍袖里取出一卷陆子虞小时候写的作业，随便翻到一页，让儿子念。陆子虞念道："人不知而不愠，不亦君子乎？"陆游说："这是你七岁那年跟我学《论语》写的，你现在能做到这一点吗？碰上脑子不好使的人，你能做到不冲人家发火吗？"陆子虞摇摇头。

陆游又翻了一页，还是陆子虞小时候写的《论语》笔记，稚嫩的笔迹，大大的字体，那一页只写了六个字："苛政猛于虎也。"陆游说："你做了县官，能做到不对百姓施行苛政吗？能做到为官清廉吗？"陆子虞恍然大悟："我懂了，您是让我按照圣贤的教导去做官。"

陆游满意地说："这就对了。圣贤的书谁都会读，可不见得谁都能按圣贤所说的去做。你小时候是写作业，现在父亲要求你做作业——把你在作业中写过的大道理做出来。"

陆子虞郑重地点点头。他到了任上，真的去"做作业"，一丝不苟，脚踏实地，实实在在地把圣贤道理做到位，成为深受百姓爱戴的好县令。

陆游的英雄梦

84

一、示儿

陆　游

小儿教汝书，不用日十纸。

字字讲声形，仍要身践履。

果能称善人，便可老乡里。

勿言五鼎养，肉食吾所鄙。

陆游写过很多首《示儿》，其中最著名的那首是绝笔。

这首《示儿》表达了陆游的教育理念：读书学习贵精不贵多，最重要的是实践，用实践来检验知识，用实践来验证真理。同时它也体现了陆游对孩子的希望：希望他们做好人，不盼望他们做大官。

二、冬夜读书示子聿

陆　游

古人学问无遗力，少壮功夫老始成。

纸上得来终觉浅，绝知此事要躬行。

这首诗是专为小儿子陆子聿写的，陆游要求他多去实践，因为获得真知的最佳途径就是读书加实践。

送儿子上前线

　　陆游的仕途很坎坷。七十岁时，已经历了宋高宗、宋孝宗、宋光宗三朝皇帝，几起几落，一再丢官，心里却有一股烈火越烧越旺，那就是消灭金国、收复故土的愿望。

　　新皇帝宋宁宗即位，提拔韩侂胄（tuō zhòu）当丞相。韩侂胄是个奸臣，贪污腐败，任人唯亲，但是有一样好处：敢抗金。

　　陆游身在乡野，心在朝廷，他听说主战派掌了权，马上热血沸腾，想贡献余热，为抗金大业做点事。

　　正好宋宁宗赐给韩侂胄一幢别墅，韩侂胄请大文豪写文章纪念，先请陆游的朋友杨万里作记，杨万里说："官可弃，记不可作。"意思是我的官可以不做，让我给你这个大奸臣作记文却不可能。韩侂胄没办法，改请陆游，陆游却欣然答应。

　　陆游为什么要给奸臣写文章？因为他的目标是抗金，天底下没有比抗金更重要的事了，只要韩侂胄能担起抗金重任，陆游不在乎他是奸臣。

　　文章写好了，韩侂胄很高兴，把陆游调回京城，重新让他做官。做什么官呢？实录院修撰，兼同修国史，让陆游编写前两任皇帝（宋孝宗和宋光宗）的传记，并编写《南唐书》。这项工作跟抗金没有任何关系，陆游又一次失望了，他写诗感叹道：

85

陆游的英雄梦

少鄙章句学，所慕在经世。

诸公荐文章，颇恨非素志。

我陆游并不想在诗词文章里度过余生，只求为国家做些有意义的事，诸公只看重我的文章，可惜那真不是我的志向。

陆游请求韩侂胄："韩相公，给我一个机会吧，让我到战场上去，我能立功！"韩侂胄笑了："你年纪都这么大了，哪里还拿得动刀枪，还是在京城做个闲官，安享晚年吧。""我力气没了，计谋还在，您要是瞧不上我的计谋，让我帮忙起草战书也行。"韩侂胄说："老先生别争了，营里有我的谋士在，不劳烦你了。"陆游嘴皮子都磨破了，韩侂胄就是不准。

陆游只能待在京城里，他编写完了皇帝的传记，编写完了《南唐书》。任务刚一完成，韩侂胄就让他光荣退休。

宋宁宗开禧二年，也就是公元1206年，韩侂胄出兵伐金，战争开始了。陆游已经八十一岁了，天天向人打听前线传来的消息，只要听说战况对我方不利，他就急得吃不下饭，只恨自己不能帮忙出谋划策。

大儿子陆子虡理解父亲的心情，他对陆游说："您老人家年纪大了，不可能再上战场，我还年轻，我替您去！"陆游慈爱地拍拍儿子的肩膀，高兴地说："好孩子，好主意！你能有这个想法，说明为父平日的教导没有白费。不过你要记住，你不是为我去打仗的，你是为了国家，为了百姓，为了大宋江山。"

陆游给韩侂胄写信推荐大儿子随军，韩侂胄这回答应了，让陆子虡跟着筹办粮草。俗话说：兵马未动，粮草先行。筹办粮草跟杀敌一样重要。

陆子虞出发那天，陆游拄着拐杖送行，直到看不见儿子的踪影了，他才流着眼泪转身回家。

他疼爱儿子，不愿意儿子遇到任何危险。他年迈体衰，不知道还能活上几天，他希望每一个儿子都平平安安的。他希望自己临死的时候，儿子们都能守在床前，让他看上最后一眼。

但是公义大于私情，国家大于家庭，民族危亡的时候，国家需要他的儿子，他不能阻拦。不，他没有阻拦，根本没有人要求他的儿子上前线，是他主动把儿子送到前线的。

前线很紧急，战场很危险，亲爱的儿子这一去，不知道什么时候能回来，也不知道能不能回来。他思念儿子，常常在噩梦中醒来，梦见儿子死在了疆场上，身中毒箭，肢体不全。醒来之后他放声大哭，泪水浸透了他的枕头。他苍苍的白发本来就很稀少，因为思念儿子，变得更加稀少。

但是他不给儿子写一封信，不给儿子捎一句话，他不想让父子亲情扰乱了儿子的战斗决心。他热切地盼望儿子归来，更热切地盼望战争胜利。后来他儿子回来了，战争却失败了：由于韩侂胄刚愎自用，指挥失当，南宋大军惨败，朝廷不得不再次屈辱地向金国称臣。

懦弱无能的南宋朝廷为了讨好金国，把所有责任都推到韩侂胄头上。韩侂胄被另一个奸臣史弥远引诱到杭州城外的皇家园林玉津园，被士兵乱棍打死，砍下人头，献给金国。

两宋三百年，人民经历过两个最屈辱的日子，第一次是北宋末年金国攻进东京开封，俘虏了两个皇帝和无数皇亲国戚；第二次就是南宋中叶伐金失败，朝廷砍下丞相的脑袋，双手交给了敌人。

87

不幸的是，这两个屈辱的日子都让陆游经历了。第一个屈辱日子来临的时候，他刚两岁；第二个屈辱日子来临的时候，他即将离开这个多灾多难的人世。

陆游的一生充满了悲愤，充满了绝望，但他的希望之火永远没有熄灭。八十五岁那年，他躺倒在床上，呼吸困难，知道自己快要死了，他把儿子们叫到床前，挣扎着写下最后一首诗。

死去元知万事空，但悲不见九州同。

王师北定中原日，家祭无忘告乃翁。

附录一 陆游生平速览

字	号	民族	籍贯	学历	职业
务观	放翁	汉	浙江绍兴	举人，赐进士出身	诗人、官员

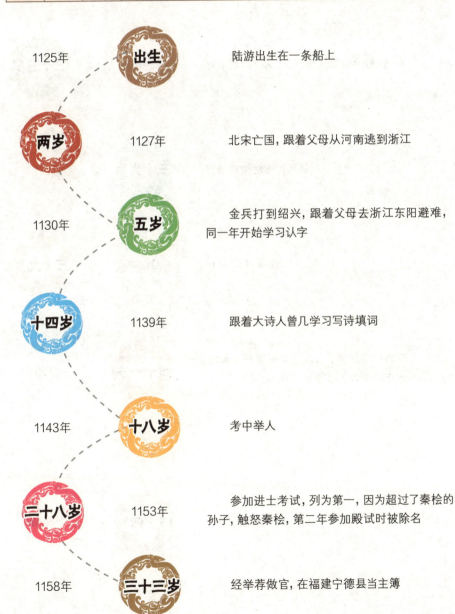

1125年　出生　陆游出生在一条船上

两岁　1127年　北宋亡国，跟着父母从河南逃到浙江

1130年　五岁　金兵打到绍兴，跟着父母去浙江东阳避难，同一年开始学习认字

十四岁　1139年　跟着大诗人曾几学习写诗填词

1143年　十八岁　考中举人

二十八岁　1153年　参加进士考试，列为第一，因为超过了秦桧的孙子，触怒秦桧，第二年参加殿试时被除名

1158年　三十三岁　经举荐做官，在福建宁德县当主簿

陆游的英雄梦

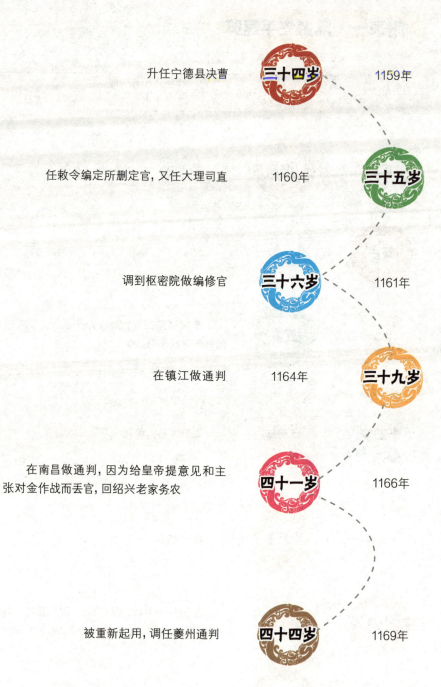

升任宁德县决曹　　三十四岁　　1159年

任敕令编定所删定官，又任大理司直　　1160年　　三十五岁

调到枢密院做编修官　　三十六岁　　1161年

在镇江做通判　　1164年　　三十九岁

在南昌做通判，因为给皇帝提意见和主
张对金作战而丢官，回绍兴老家务农　　四十一岁　　1166年

被重新起用，调任夔州通判　　四十四岁　　1169年

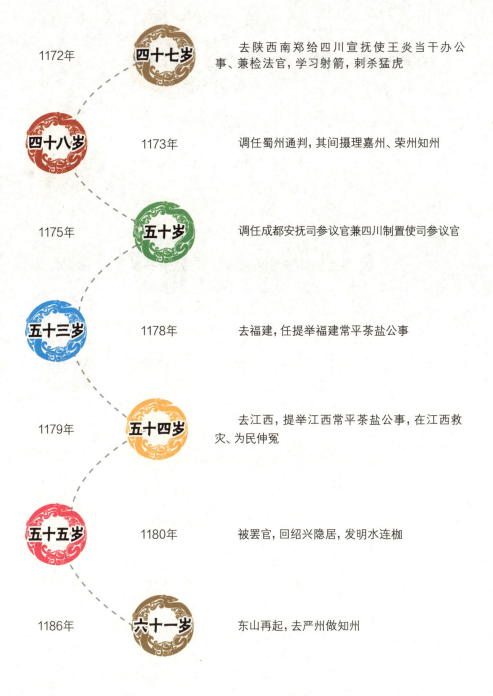

1172年 四十七岁 去陕西南郑给四川宣抚使王炎当干办公事、兼检法官,学习射箭,刺杀猛虎

四十八岁 1173年 调任蜀州通判,其间摄理嘉州、荣州知州

1175年 五十岁 调任成都安抚司参议官兼四川制置使司参议官

五十三岁 1178年 去福建,任提举福建常平茶盐公事

1179年 五十四岁 去江西,提举江西常平茶盐公事,在江西救灾、为民伸冤

五十五岁 1180年 被罢官,回绍兴隐居,发明水连枷

1186年 六十一岁 东山再起,去严州做知州

陆游的英雄梦

再次起用，任实录院同修撰、兼同修国史

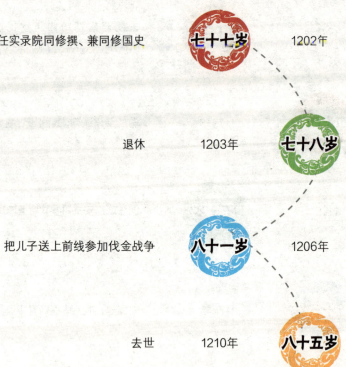

七十七岁　　1202年

退休　　1203年　　七十八岁

把儿子送上前线参加伐金战争　　八十一岁　　1206年

去世　　1210年　　八十五岁

附录二　陆游亲朋关系图

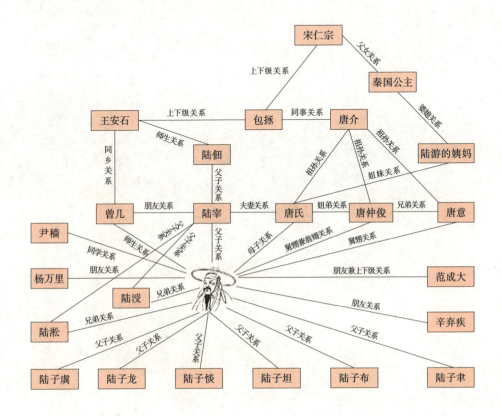

陆游的英雄梦

附录三　陆游去过的地方

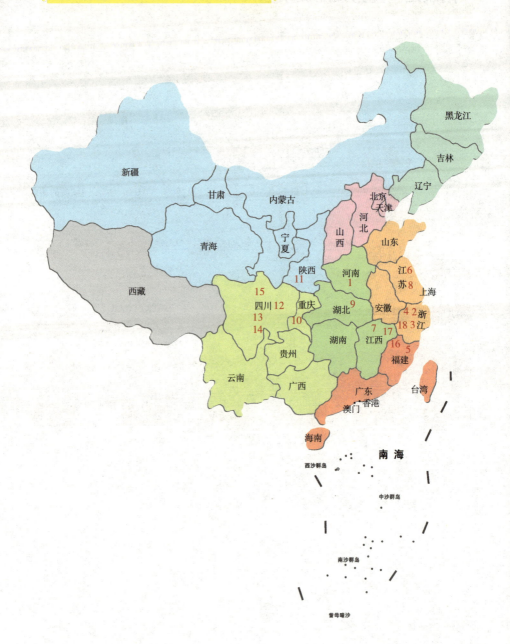

1.河南荥阳，两岁以前跟着母亲暂居于此。

2.浙江绍兴，两岁时跟着父母逃难到此地，这里也是陆游的家乡，同时又是他晚年隐居的地方。

3.浙江东阳，五岁时跟着父母逃难到此地，在这儿住了三年。

4.浙江杭州，陆游曾在此参加科举考试，并先后四次在这里做官。

5.福建宁德，三十三岁时在此做主簿，这是陆游首次为官的地方。

6.江苏镇江，三十九岁时在此做通判。

7.江西南昌，四十一岁时在此做通判，这里也是他第一次被罢官的地方。

8.江苏南京，四十五岁去四川做官途经此地，与秦桧的孙子秦埙见面。

9.湖北武汉，去四川做官时途经此地，上岸观看水军演习。

10.重庆奉节，四十五岁时一直在此做通判。

11.陕西南郑，四十七岁时在此从军，给四川宣抚使王炎当幕僚，曾经在这里学习骑射并杀死老虎。

12.四川崇州，离开南郑后到这里做通判。

13.四川乐山，四十八岁时在这里做代理知州。

14.四川荣县，四十九岁时在这里做代理知州。

15.四川成都，五十岁时在此做成都府安抚司参议官，兼四川制置司参议官。

16.福建建瓯，五十三岁时提举福建常平茶盐公事，建瓯是任职所在地。

17.江西抚州，五十四岁任提举江西常平茶盐公事，抚州是任职所在地，在此救灾并受理江西茶农冤案。

18.浙江严州，南宋的严州包括现在的淳安、建德、桐庐、富春等地，陆游六十一岁时在此做知州，相当于市长。

陆游的英雄梦